ANTIQUE DEALER

プロが教える

儲かる「ネット古物商」の始め方

ブランドリサイクルアドバイザー
リサイクルショップ『ブルーム』店主
泉澤義明 YOSHIAKI IZUMISAWA

ぱる出版

まえがき

少ない投資で、大きく儲けられる可能性を秘めているのが〝ネット古物商〟の魅力だ！

本書を手にとって頂きましてありがとうございます。

古物商という言葉のイメージからか、許可を取得するのはなんだか難しそう、と思われている方もいるようですが、実はそんなことはまったくありません。

実際、古物商の許可は、とても簡単に取得できます。

そして、〝少ない投資で大きく儲けられる「大化けする可能性を秘めた」魅力的な仕事〟がネット古物商の仕事なのです。

私はちょっとしたきっかけで、インターネットオークションを始めました。

最初は会社勤めをしながら副業で始めて、徐々に古物商という商売の魅力にはまり、起業してもう10年以上が経ちました。

副業を始めた当初は、古物商で起業するなんて思ってもいませんでした。

リサイクル業界で働いていたわけでもなく、特に骨董が好きでもありませんし、ブランド品が好きというわけでもなかったのです。

でも、徐々に古物商という商売の魅力にはまり、起業してから3年間はヤフオクを中心に生計を立てられるようになったのです。

そして、現在は、千葉県船橋市に『ブルーム』というリサイクルショップを持てるまでになりました。


本書を手に取っていただいたあなたは、古物商という商売に何か興味や魅力を感じている方だと思います。
・将来古物商で独立したい
・メルカリ、ヤフオクでの副業が楽しくなり、もっと本腰を入れてやりたいので、古

物商を取得してもっと稼ぎたい
・サイドビジネスに古物商をしようと思っている
そんなあなたに本書では、これから古物商として始めるのに知っておいたほうが良いこと、私が10年かけて知り得たこと・経験したことを中心に、古物商になったときにこんな本があったら良いなということを思い出して書き上げました。


現在は、メルカリなどのフリマアプリにより、個人間での売買が本当に簡単にスマホなどでできるようになってきました。

今後も、リサイクル品はもっともっと世間に浸透していくと思います。

そして本書のテーマでもある、ネットを使った古物商・リサイクルビジネスは、今後も増えてくるでしょうし、より新しいアイデアによる商売の革新が起こってくる分野として注目できると思います。

●初期投資が安い、自宅でできる、時間や場所に縛られない

〝ネット古物商〟のメリットは、初期費用をあまりかけずにできるところです。

さらにメリットとしては、固定費がかからないところです。お店を持たなくてもできますし、事務所を借りなくても自宅で開業できるという利点が挙げられます。

起業の最初のハードルである初期投資が低く抑えられるわけですから、リスクも小さく、しかも好きな時間を使ってネット古物商の仕事にあてればいいわけですから、時間に縛られることもありません。

しかも、いままでネット販売をしたことがないまったくの素人でも、まず最初は、身の回りにある不用品から販売すれば、最初は古物商の免許を取得する必要はありません（もちろん、継続して利益を上げていく副業なり、商売を始める場合は古物商の免許が必要です）。

当初は、そこからスタートすれば小さなリスクで始められます。

そこで、仕事の楽しさや、儲けることの魅力がわかってきたら、古物商の免許を取得すればいいのです。

古物商の免許を取得したらしたで、免許のある人しか入れない、お宝が埋まっている儲けの秘密の場所である〝古物市場〟にも出入りすることができます。

そこは、定価の10分の1、利益率200％、購入価格の1000倍にもなるような、大化け商品やお宝が眠っている可能性がある、まさに〝秘密のお城〟なのです。私の場合は、この〝秘密のお城〟を知ったのは古物商の免許を取ってからでした

そうした、ネットを使った古物商を始める上でのメリットや、具体的な始め方・進め方・儲け方のポイントをまとめたものが本書です。

また、私自身が10年間の間に体験してきたことを元に、古物商・リサイクル商売でしか味わえない面白さ、儲けの魅力なども満載していますので、古物商の現場の仕事に即したリアルな入門書として、本書を活用していただければと思います。

あなたにとってこの本が、古物商として、スムーズにスタートできる一助となり、少しでもお役に立つことができれば、とても嬉しく思います。

泉澤義明

ブランドリサイクルアドバイザー
千葉県船橋市『ブルーム』店主

プロが教える

儲かる「ネット古物商」の始め方●もくじ

第2章 ネット古物商を始める前に知っておきたい大切なこと

第3章 古物商の免許の取り方とやらなければならないこと

第4章 また来たくなる「ネット古物商の接客サービス」が儲かるお店をつくる

第5章 古物商の実力は買い取りで磨かれていく

第1章

100円が10万円に
大化けすることも！

一度やったらやめられない「古物商」の魅力とは何か

たったの1万9千円で
古物商の免許は取れる！

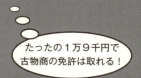

1

「いらなくなったものを売って小遣い稼ぎもできる」庶民の味方の商売が古物商・リサイクルショップだ

古物商と聞いて、閉鎖的な業界と思われる方も多いようです。

実は、古物商はマスコミに良く取り上げられています。

今は物を捨てるにもお金がかかる時代です。どんどん物を買ったわいいけれど、狭い住宅に溜まる一方です。

部屋数の多い地方の住宅だったら、物理的にも経済的にも生活に支障はないでしょうが、家賃の高い大都市では、物置と化した部屋の家賃を払うだけでもたいへんです。

そんな折も折、片づけブームや断捨離ブームなどで、ライフスタイルにも「すっきりした空間で生活したい」という人も増えてきました。

また、経済政策がなかなか実を結ばず、特に中小企業では給料がなかなか上がりませんし、非正規社員も厳しい状況が続いています。

そうした今ひとつパッとしない時代背景の中、テレビや雑誌などでよくやっているのが、

「いらない物を売って現金をゲットするコツ」

「より高く買い取ってもらうための【リサイクルショップの「㊢活用術」】」

などといった現金獲得企画です。

そうしたメディアの企画に登場してくる、不用品の買い取りを行なっている、古物商・リサイクルショップを、それとは知らず見ているかもしれませんね。

たとえば、テレビの企画などでは、次のようなものを見たことはないでしょうか。

・家にある値うちのわからない骨董品を鑑定する長寿番組
・キャバクラ嬢がお客様に貰ったバッグや貴金属などを売りに行っていくらになるか？
・芸能人が持っている高級時計や、自分のサイン入りの使用したギターなどを売ったらいくらになるか？

こうしたテレビ番組などを視聴している私達も、古物商の店主が「いくらで買い取ってくれるのか」という金額を予想して興味津津で見ています。

そうしたテレビの企画で、お客さんが売りにきたリサイクル品など不用品を査定する人が古物商なのです。

また、ときには、古物商を取得した人だけが入ることができる、古物市場の競り（セリ）の仕入れの様子もテレビで放送することもあります。

テレビのニュースや雑誌・新聞でも、頻繁に古物商などが取り上げられています。

そこでは、たとえば、「押し買い」と言われている、悪徳訪問買い取り業者の古物商などが報道されていることもあります。

また、最近では「フリマアプリで仕入れをして、副業のように継続して転売を行なっていく場合」も古物商の資格が必要なため、古物商はますます注目され、取得する方が増えているということが言えるのではないでしょうか。

ご参考までに、古物商の許可件数の推移は、28年度は前年に比べて約9200件の増加、27年度は前年比で約1万2000件の増加と警視庁のデータからもわかります

（22頁参照）。

ためしにあなたが住んでいる駅周辺、あるいは郊外ロードサイドを調べてみてください。買取専門店、古着屋リサイクルフランチャイズチェーン店ができていませんか。

私の街も千葉県の小さな駅ですが、リサイクルショップが新しく3店舗もでき、競争が激しくなってきています。それほど、今人気のある業種の1つだとも言えるかと思います。

Point

不用品を資産に換えて、
環境にも良い商売が古物商！
リサイクル市場は今後注目のビジネス

古物営業の許可の受け方は

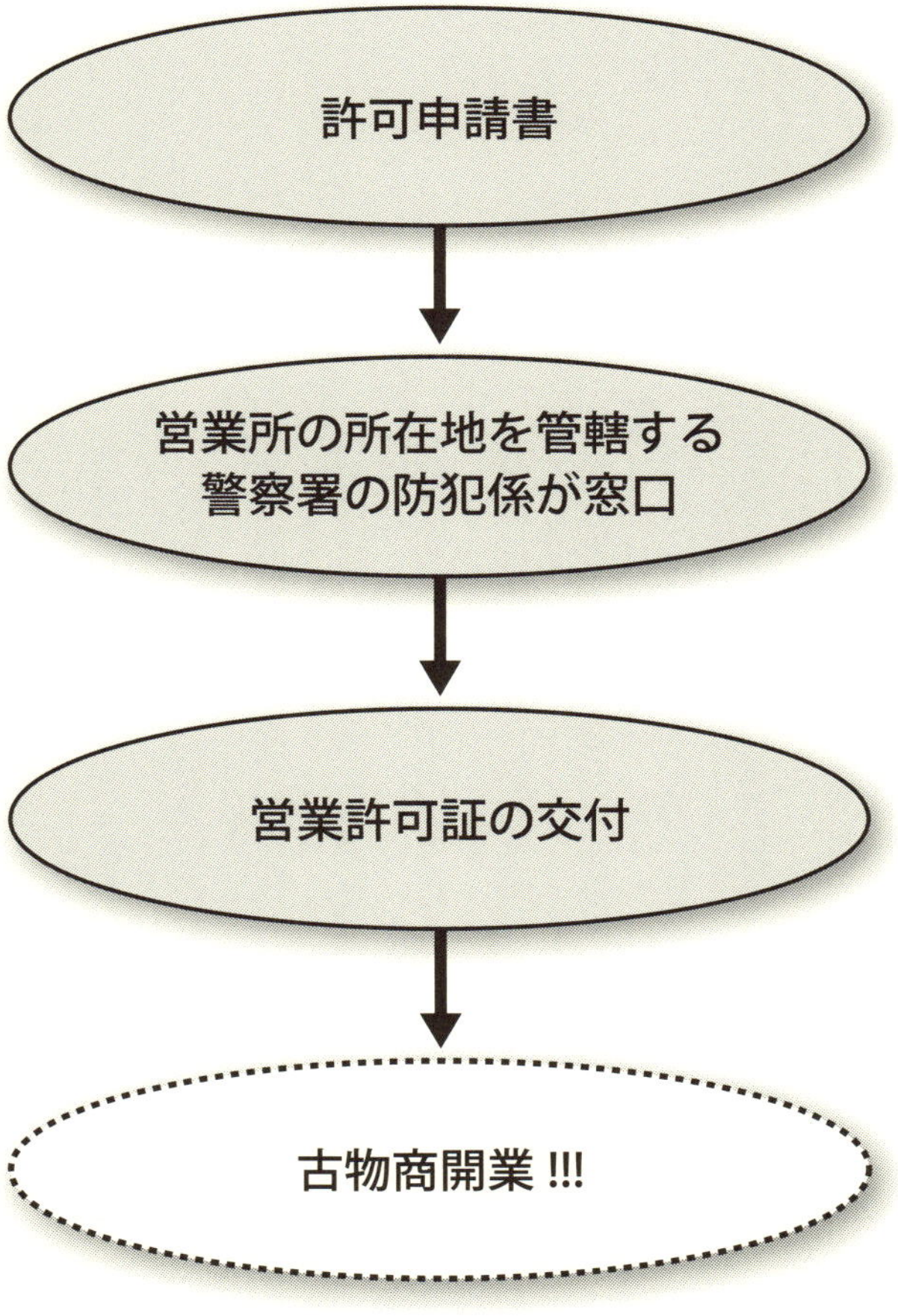

古物商等の許可件数の推移（平成19年～平成28年）

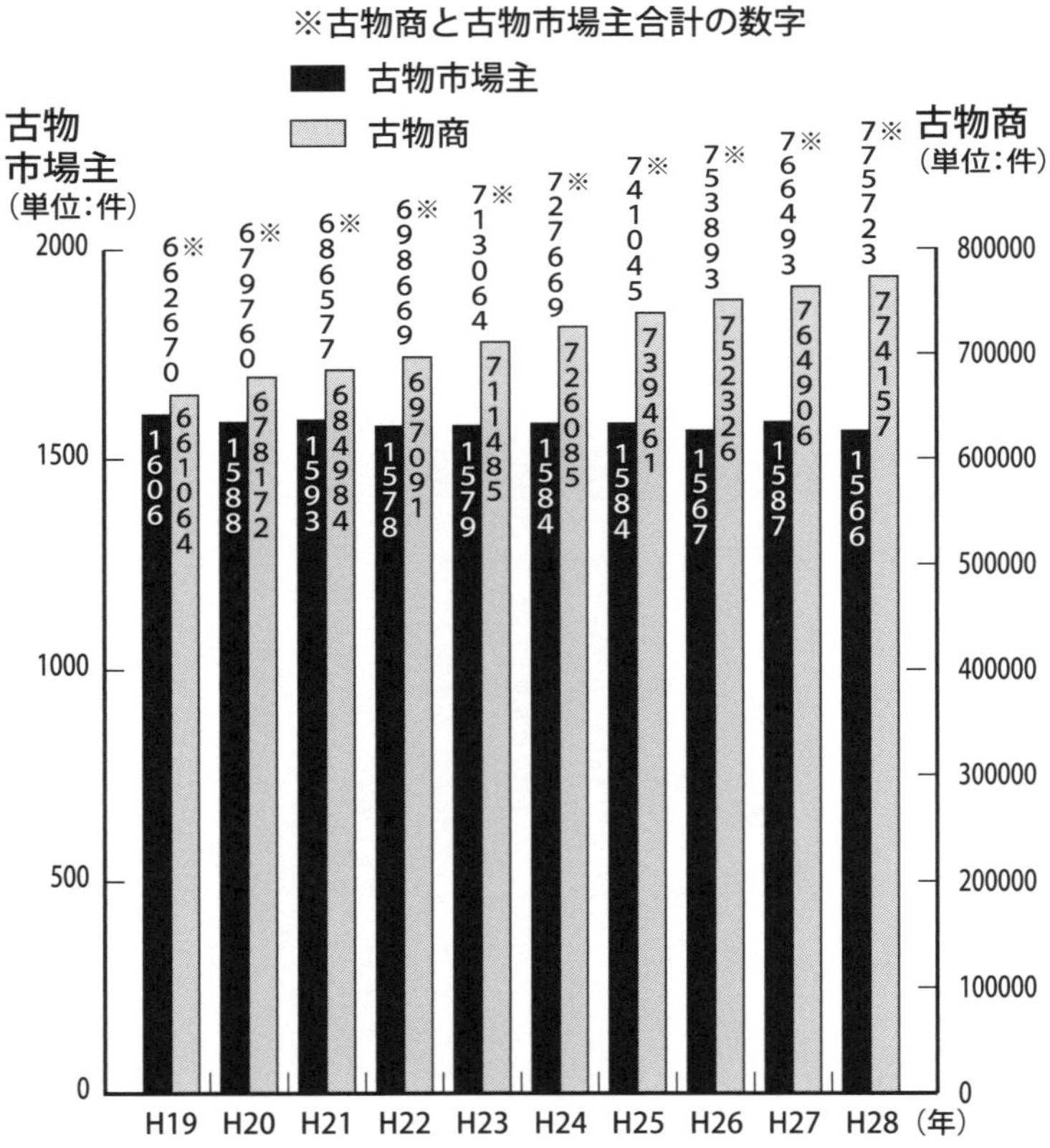

●出典：警察庁生活安全局生活安全企画課、警察庁生活安全局情報技術犯罪対策課、「平成28年中における古物営業・質屋営業の概況」より

2 古物商を始める上でのメリットは、飲食店などと違い初期投資が少ないこと

古物商になるのにいったい資本金は、どのくらいあればいいのか？
実際、どのくらいかかると思いますか？
1000万円？
そんなにかからないだろう。
じゃあ500万円くらい、
もっと安くて100万円……。

答えは、ズバリ2万円あればネット古物商になれてしまいます。
警察署に支払う、古物商の営業許可申請費は、1万9000円あれば申請できます
(2019年6月現在)。

また、店舗を持つ必要もなく、自宅で開業することができるのです。

ただし、賃貸のアパートやマンションで古物商を開業する場合は、大家さんの許可が必要になります。


初期費用が少ないと言っても、それでも商売を始める以上、最低限のお金は必要になります。

それを少し挙げてみます。
・事務所を借りる費用（自宅以外で始める場合）
・倉庫を借りる費用
・仕入れをする費用
・備品を買う費用（パソコン等、細々として事務要員ｅｔｃ．）
などは必要になりますよね。

Point

古物商の最大のメリットは、
初期投資が少ないこと

こうしたことを考えると、申請費用の約２万円は極端ですが、それでも、たとえば飲食店のように、店舗取得費、高価な業務用冷蔵庫などの厨房機器、客席のイス・テーブルなどなどいくら安くあげようと思っても数百万はかかる計算になります。

それを考えれば、古物商の場合は、本当に小資本で開業できるという点が大きな利点と言えるでしょう。

3 お金をかけずに自宅で古物商を開業する場合の注意点は？

私は脱サラして、個人事業主で独立しました。独立とは言っても、まとまった資金があったわけではないので、事務所は借りずに自宅で古物商の許可申請をしましたので、本当にお金はかかりませんでした。

自宅で開業すれば確かにお金はかかりませんが、あえてデメリットと言いますか、注意点を指摘するとすれば、自宅が事務所になるという点です。

当然、自宅の住所を公開しなければなりません。

そこで、ちょっと不安になったのは、なにかトラブルがあったときにお客さんに家に来られるのは嫌だなということです。

もちろん正しいことをしていれば、そのような心配はありませんので、まったくの杞憂《きゆう》に終わったのですが、商売を始めるときは真剣に悩んだものです。

自宅でやる場合もっとも重要なこと、それは家族の了解です。

独り身の方は問題ないですが、結婚されている方、両親と同居されている方は、古物商という仕事を理解してもらわないと難しいでしょう。いざ仕入れを始めると物がどんどん増えていきます。

事務所を借りた今でも私の自宅は物があふれることがあります。家族に理解してもらっている私でもたまに「何でこんなに買ってくるの」と妻に怒られます（笑）。

Point

店舗取得費などはかからないけれど、
自宅で商売を始める場合は
家族の了解を得ておくことが大切！

また、自宅で商売を始めると、仕事とプライベートを切り替えることが難しくなります。

家にも仕入れた販売するものが常にあるので、その商品をどう売ったらいいか、ということばかりが頭に浮かんできて、四六時中商売のことを考えることになります。

それを解消する方法は〝**売れる物を仕入れる**〟ことなのです。

古物商の商売がうまく行くためには、仕入れが一番重要です。

すぐに売れるものであれば、どんどんなくなっていきます。

逆に、売れないものは不良在庫になり、どんどん価値が落ち、商品も売れずにかさばっていきます。

――そうした頭の痛い在庫の問題を解決するのは、すべては〝仕入れ〟にかかっているのです。

良く売れるもの、どのくらいの金額で売れているのかを調べるには、ネットを見さえすれば一発でわかるのが、ネット販売の良いところでも、悪いところでもあるのですが、実際、だれでも簡単に「売れ筋商品」や「売れる値付け」を見ることができるというのは、大きなメリットです。

詳しくは、拙著『お金が貯まる「スマホ副業」の稼ぎ方入門』の中でも詳しく触れていますので、参考にしていただければと思います。

4 古物商で一番重要なことは"仕入れ"です!!

「需要のあるものを安く仕入れ、高く売る」

という商売の鉄則は、古物商を続けていく上でもたいへん重要です。

仕入れの場所は、古物市場、フリーマーケット、同業のリサイクルショップ、提携している会社などがあります。

そして古物商になると、お客さんからの「買い取り」をすることができます。

買い取りをする場合は、安く買いすぎても駄目なのです。

安く買いすぎれば、不満が残り次にお願いしてくれることはありません。

不満が残れば、常連さんにはなってくれず、また他のお客さんを紹介していただくことにもつながりません。

どの世界も同じことが言えると思うのですが、古物商として上手く商売を続けていける人は、よく勉強して向上心がある方です。
最新の情報を手に入れるためには、本を読んだり、人に会って話を聞いたり、そして良いと思ったことは実践してみる行動力が必要です。

上手く行かない人は、実践が少ない方です。

商売が上手く行かない人は、買うことができても、利益が出ないために、一度上手く行かなかったからと言って辞めてしまう人です。
継続は力なりです。古物商の免許を取得したら、初心を忘れず、少しの失敗で諦めずにペーパー古物商にならないようにしましょう。

Point

古物商の儲けのカギは「仕入れ」にある!!
需要のあるものを
「安く仕入れて、高く売る」のが商売の鉄則

5 そもそも古物商が取り扱える〝古物〟とは何か？

古物商の商売に対するルールを定めた「**古物営業法**」は、警視庁のホームページなどで見ることができます。

そこには、「古物」について、次のように定められています。また、罰則についての規定もあります。

●古物とは？

一度使用された物品、新品でも使用のために取引された物品、またはこれらのものに　幾分の手入れをした物品を「古物」と定められています（古物営業法・第2条第1項より）。

●無許可で商売するとどんな罰則がある？

また、無許可で古物商の営業を行なうと『懲役3年または100万円以下の罰金』が課せられる、と定められています（古物営業法・第31条より）。

フリマアプリのネット販売でも、不用品を販売しているだけなら古物営業の許可は必要ないのですが、フリマーケット、リサイクルショップ、ネットから継続して仕入れて販売する場合は、古物営業の許可が必要になります。

中古品を仕入れて販売する人だけでなく、ネット販売で仕入れて転売を続けていく覚悟ができた方は、古物商の許可を取得したほうが良いということです。

古物営業の許可を取得することにより、古物商にしかできないことができるようになるのです！

Point

**古物商は、
許可を受けないと商売ができない！
無許可で商売をすると、
3年以下の懲役、
または100万円以下の罰金刑となる!!**

そもそも古物とは?

【古物営業法・第２条１項】

この法律において「古物」とは、一度使用された物品（鑑賞的美術品及び商品券、乗車券、郵便切手その他政令で定めるこれらに類する証票その他の物を含み、大型機械類（船舶、航空機、工作機械その他これらに類する物をいう。）で政令で定めるものを除く。以下同じ。）若しくは使用されない物品で使用のために取引されたもの又はこれらの物品に幾分の手入れをしたものをいう。

6 100円で買った物が千倍の10万円に〝大化け〟する可能性を秘めている所に古物商の魅力がある!!

本書を手に取っていただいた読者の中には、「本気で古物商をやってみたい」という方もいるかと思います。

では実際にやってみたい理由はどのようなことでしょうか。

「儲かりそうだから」
「ブランド品が好きだから」
「骨董が好きだから」
「アンティークが好きでそれを仕事にできたら楽しそうだから」
「欲しいものが安く買えそうだから」
「空いた時間で自由にできそうだから」

「本業を続けながら、継続して副収入を得られそうだから」

以上、私も古物商の実際の魅力について考えてみたら、いろいろ出てきました。

ここに挙げたことは、全部そのとおりだと思います。

ネット古物商の魅力は人それぞれ違います。

1章の冒頭に話したように、初期費用があまりかからずにできることを最大の魅力と考える人もいるかと思います。

その他にも、古物商の魅力を挙げるとすると、商売として「大きく化ける可能性がある」と言うことです。

化けるとは、

「あなたには価値のないものが、ある人にとってはとても価値のあるものになり、驚くほどの高い値段で売れる」

と言うことです。

Point

**100円で買った物が1000倍の10万円になったことも!!
商売として「大きく化ける可能性がある」のが古物商の魅力**

極端に言えば、あなたにはがらくたにしか見えない物が、ある人にとっては「お宝」であり、いくらお金を積んでも手に入れたいというくらい価値のある物になる、ということです。

これをお金にたとえると、100円だったものが10万円に変わるということです。

ここに古物商の魅力があると思います。

また実際に〝大化けした話（＝大儲けした話!!）〟を古物商仲間からも聞くようになります。

古物商の許可を取得して、実際に古物市場に行き始めた頃、欲しい物は中々金額が上がり買えなかったので、誰も買わない商品、もっと言うといくら安くても誰も欲しがらない物を100円で私が購入しました。

何を買ったかと言うと、段ボールの中に雑誌や本が入っていただけのものでした。

私も大して期待していなかったのですが、その中にスコアと言われる「楽譜」が入っていて、1冊1万円ほどの高値になるものや、そこまでは高くはないけれども

5000円〜60000円という値段がつくものが結構入っていて、合計で10万円以上にもなったことがあったのです。

たった100円を出して、ビクビクして買った物が、1000倍以上にもなったのです。

そんな「お宝」を探し当てたような、嬉しいことがあるのが古物商の魅力だと思います。

第2章

ネット古物商を始める前に知っておきたい大切なこと

たとえば、
ネットを使えば
店舗を持たずに
商売できる

1 まったくの素人からネット古物商を始める際に必要なものは何？

当社が定期的に開催される「古物商開業講座」のセミナーなどで、ネット古物商を始めるうえで、必要なものはなんですか、という質問をよく受けます。

では、実際ネット古物商を始める際に必要なものはと言うと、実にシンプルで、

・**古物商の免許**

・**パソコン**

・**スマホ**

これだけです。

最低限この3つさえあれば、誰でも始められます。

Point

古物商の免許、パソコン、スマホ、ネット古物商を始めるにはとりあえずこの3つは必要

2 経験を積めば積むほど〝目利き〟になれる

ネット古物商を始めるには「古物商の免許・パソコン・スマホ」の3つが最低限必要だと言いました。

ただし、どの商売でもそうですが、利益をあげて、ずっと継続して商売を続けていくためにいちばん重要なのは、「経験」を積むということです。

もう一つよく質問を受けるのは、古物商で仕入れをするためには、「目利きじゃないと駄目ですか」ということです。

「目利き」について、大辞林で調べてみると、「①書画・刀剣・器物などの真偽やよしあしを見分けること。また、それにすぐれた人。②人の性質・才能などを感得する能力があること。また、その人。③目がきくこと。見分けること。」と出てきます。

自分が目利きになれるだろうか、と最初のうちは不安になる方もいると思いますが、これは経験を積めば積むほど〝目利き〟になります。そう言う私もまだまだ、目利きには程遠く経験を積んでいる途中ですが……。

ただ、目利きじゃないと駄目ですかと言えばそうでもなく、目利きになるように、努力・勉強する気があれば、古物商として必ず成功すると思います。

経験が大切だということは、どの業界でも同じだと思います。

プロが集まる古物市場に行って仕入れをしても、すぐには上手く行かない場合もあります。

誰でも初めのうちは目利きではないので、失敗（＝経験値を上げるために必要なものと考えよう！）することは多々あるため、仕入れた商品が高く売れないときもあります。

購入した商品が壊れていて使い物にならないときもあります。

Point

「なぜ、失敗したのか」

「なぜ、高く売れないのか」

を考え続けることが〝目利きへの第一歩〟!!

また、本物だと思って仕入れたブランドの商品が、偽物だったということもあるでしょう。


しかし、ここで、諦めてしまえば、そこで終わりです。

この、失敗、つまり経験値こそが、次回、仕入れをするときに必ず役立つのです

ただし、失敗を失敗で終わらせず、成功につなげるためには、

「なぜ、失敗したのか?」

「なぜ壊れているものを購入してしまったのか?」

という具合に、その理由を考え、反省する作業が欠かせません。

たとえば、
・「市場で商品を良く見ないで、外見がきれいだったので確認せずに買ってしまった」
・「これからは、壊れているものを仕入れないためには、きちんと動くかどうかの〝動作確認ができないいないいもの〟を、高く買うのはやめよう」

・「偽物か本物かが、自分の目で判断できるように、真贋研修を受けるようにしよう」

こうした反省があって、初めて目利きへの一歩を踏み出せるようになるのだと思います。

ネット古物商の場合、まずは仕入れが肝となります。

私自身、今でも仕入れで失敗をすることもあります。

ですが、古物商は、その仕入れに失敗した商品も販売することができる、という点が良いところでもあります。

したがって仕入れたものが0円になるなんてことは、まずありません。

Point

ネット古物商に一番必要なのは、「経験」です！

3 毎日やるべき仕事をコツコツ数をこなすことで「仕事の質」が高まってくる

「経験を増やすには、数稽古が必要」

とよく言われるように、量をこなすと、仕事はどんどん上達していきます。

要は場数です。

仕入れをする際、値が張る物は、初めは恐くてなかなか購入することができません。

フリーマーケットに仕入れに行っても、古物市場に仕入れに行っても、何も買うことができずに手ぶらで帰ってくることもあるかもしれません。

最初は、それでも十分ですが、2回目以降は、行動したのであれば、自分の人件費ぐらいは稼ごうと思う気持ちで、誰も買っていないものを購入してみる、などということも経験を積むためには大切かもしれません。

実際、私の経験から言っても、そのくらい軽い気持ちで買った物の中に、高く売れる〝化ける商品〟が入っていることが何度もありました。

SBIホールディングス株式会社代表取締役執行役員CEO北尾吉孝氏の講演を聞いたときに、

「薄利多売でビジネスをやっていた際、量をこなすと質がどんどん良くなる」ということをおっしゃっていたのが印象に残っています。

これは、ネット古物商でも同じで、たとえば、

・ネットで売る商品の写真の撮影の仕方
・説明文の書き方
・梱包の仕方
・一番重要な仕入れの仕方

といったルーティンの仕事の数をこなすことで、どんどん質が良くなってくるのです。

古物市場も何度も行っているうちに、場慣れして、仕入れることができるようになるものです。

Point

必ずやらなければならない
「仕事のルーティン」の数をこなすことで、
仕事の質がどんどん上がっていく!!

やるべき仕事の“スキル”、“質”を磨こう

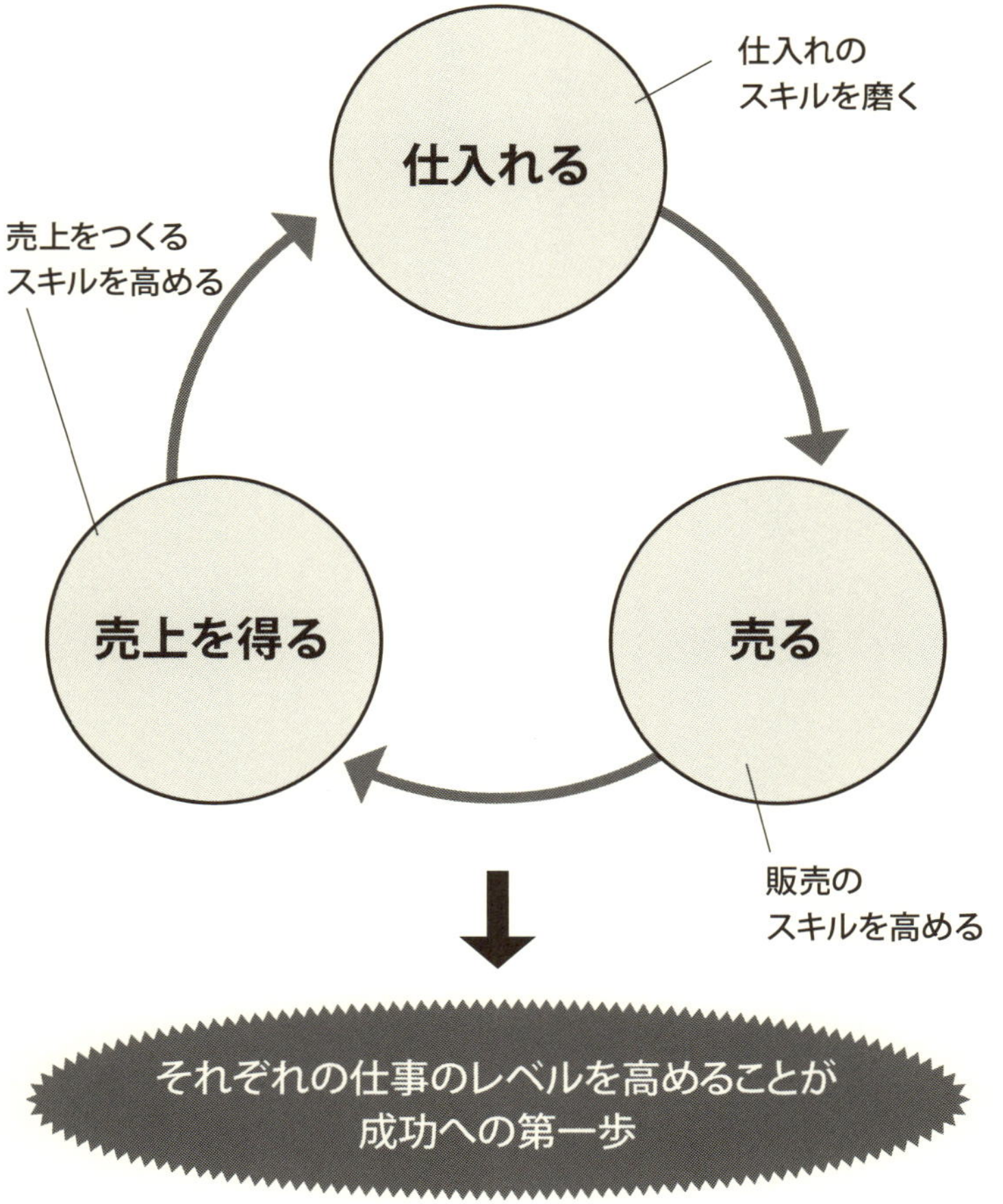

4 実際のネット古物商の1日の仕事の流れ【ネット古物商の仕事①】

古物商になるにはいくつかの道があります。

たとえば、次のような方法です。

◎独立して古物商になる

◎独立を視野に入れ、会社勤めをしながら週末などを利用して、副業として着実にノウハウを身につけていくという方法

◎あるいは、サイドビジネスとしてやる方法

この中の独立して古物商になると考えた場合は、具体的にはどのようなイメージになるでしょうか。

●〝ネット古物商〟の1日の仕事の流れ

私は自宅で古物商を申請して、独立後、個人事業主として始めました。3年間はお店を持たずに、ネット古物商として商売を始めました。その時の1日の流れを見てみましょう。

【ネットに出品する商品を撮影する】

ネット古物商の仕事で大切な、ネットに出品する商品の写真撮影は、独立した当時は自宅で撮影をしていました。

始めた頃は、照明などの撮影機器もなかったので、自然光で撮影するほうがきれいに撮影できるので、小さな商品も、大きな商品や服なども、自宅の外の駐車場で撮影をしていました。

今思えば、そんな風景を見て、近所の人や、通りがかりの人は何をしている家なのか不思議に思ったことでしょう。

「ネット古物商の1日の仕事の流れ」のイメージ

出品をする日の仕事の流れ

前日売れたもののメールのやり取りをします。

↓

商品の梱包、発送をします。

↓

明日出品する商品の撮影をします。

↓

商品リサーチ、相場の検索、出品作業。

↓

ネットにアップする商品を選んで、
より高く売れるようにするために商品チェックをします
（ちゃんと動くか、汚れやほつれがないかなどを確認する）。

現在はスマホの機能がとても良くなったので、家の中で撮影してもきれいに撮ることができるようになりました。

【明日ネットに出品する商品を選ぶ】


そして、撮影が終わると、出品作業です。

出品作業とは、明日出品する商品を選んで、その商品のチェックを行なうことを言います。

たとえば、時計などがきちんと動くかどうかを調べる**動作確認**、またクレームや返品の原因となる汚れやほつれがないかをチェックします。

汚れているものは、クリーニングをしたり、磨いたりして、少しでも高く売れるようにするために、手入れをしてきれいにする作業が欠かせません。

これが、大体の1日の仕事の流れです。

その他にも、毎日ではないですが、ネット古物商で大切な「仕入れ」の仕事があります。

【仕入れを行なう】

仕入れの日は、朝から古物市場に行き、そして、たいていは終了までいます。

次項で古物市場について少し詳しく説明しておきます。

5 仕入れの日は1日中「古物市場」でネットで高く売れる物を探す‼【ネット古物商の仕事②】

前著『お金が貯まる「スマホ副業」の稼ぎ方入門』でも、古物市場について触れましたが、ここでも古物市場についてお話ししておきたいと思います。

古物市場は、中古品から未使用品の物まで色々な商品があります。

私が古物商になって本当にびっくりしたのは、古物市場は古物商にとって「儲けの倉庫」そのものだということです。

初めて古物市場を知ってからは、家にある電化製品の買い換えや、日常使う物を買う場合は、まず新品を購入する前に古物市場に行って、買いたい商品がないかを確認するようになりました。

なぜなら、古物市場には、もちろん中古品も出回りますが、中には未使用の商品が出ることもあるからです。
そこでは、未使用の商品も安く手に入るのです
古物市場では、家にある物でしたら、ほとんどそろってしまいます。

古物商を始めてまだ日が浅い新米のうちは、古物市場に参加したほうが仕入れはやりやすいと思います。

最初のうちは、商品の種類や、仕入れのしくみを勉強するためには、数多くの古物市場に参加したらいいと思います。

古物市場に参加する際の情報源としてお勧めしたいのが、「リサイクル通信」という業界の最新情報が手に入る新聞です。月2回発行されています。

その中に、月に一度、古物市場開催日程のコーナーがありますので、初めて古物市場に参加する際に役立つと思います。

そこには電話番号や開催場所なども掲載されていますので、電話をして初めて参加する旨を伝え、当日持参しなければならない物を確認しましょう。

Point

「古物市場」は〝儲けの倉庫〟である！
道具市場、骨董市場、古本市場、
アパレル市場、ブランド市場、貴金属市場、
バイク市場、自動車市場、
またネットで参加できる市場など
いろいろある!!

古物商の免許のほか、参加費や入会金などが必要になる古物市場もあります。入会前に見学できる所もありますので、電話で確認してみましょう。

古物市場と言うと閉鎖的なイメージがありますが、市場を主催する方も、市場にたくさん人が集まってきてくれることを望んでいると思います。古物市場は競りの手数料で成り立っています。人が集まればそれだけ手数料収入が増えるわけですから、市場主も人が集まることを望んでいるはずです。

古物市場に、人がたくさん集まれば、それだけ良い品物が集まる確率も高くなります。そこでは、

- 良い品物が集まれば購入したい人が集まる
- 購入したい人が増えれば出品したものが高くなる

という状況になります。

出品する人は少しでも高く売りたい、購入する人は少しでも安く買いたい、という中で商売の駆け引きが行なわれるのです。

初めのうちは、購入するだけが多いと思います。

古物市場を選ぶ上で大切なのは、まだ経験の浅いうちは、自分が一番得意な商品分野で購入できる市場を探すということが大切です。

売ってみて、買ってみて、両方を経験することにより、お互いの気持ちが徐々にわかるようになります。

そうした経験を積んで、どんどん古物市場で購入できるようになれば、古物市場で競りにかけたり、またはネットで購入した物を古物市場で競りで高く売ることもできるようになります。

まずは古物市場で購入に慣れ、ネット販売で利益を上げられるようになりましょう！

前項の最後に、仕入れの日は古物市場の終了までいる、と書きましたが、古物市場によって終了時間は異なります。

商品の集まり具合などにより、10時開始で3時頃に終わるときもありますし、夜の8時、9時まで開催している日もあります。

いずれにしても、私の場合、大切な仕入れの日は、市場が終了するまで、1日中市場にいることになります。

6 各古物市場のルールにのっとった商売を心がけよう！

古物市場の決まりごとや、やってはいけないことは各古物市場により違いがあります。

たとえば、競り（以下、セリと表記）をするときに、金額の呼び方などに独特の表現をするところもあるので、セリの際に聞き間違いがあったらたいへんですので、初めのうちはいつでも見られるようにメモしておいたほうがいいでしょう。

セリの場合、１万円までは５００円単位で上がっていくところが多いようですが、ここにも各々の市場のしきたりがありますので、周りをよく観察することが大事だと思います。

市場により、立ってセリをするところや座ってセリをするところなどの違いがあります。

また、昔からの〝重鎮買い頭〟であったりする方の座る席が決まっていたりしますので、しきたりがよくわからない、初めて行く市場のときは周りの人の様子を見ているのが良いと思います。

Point

古物市場ごとによって異なる
決まりごと、
ルールを守ろう!!

7 古物市場の仕入れにはクルマで行ったほうがいいか？

私が商売を始めた当時は、古物市場への仕入れには、軽のワゴン車で行っていました。クルマの後部座席を倒し、荷物でパンパンになるくらい商品を買い付けていました。

ネット古物商になりたての頃は、ひとつの商品にしぼらずに、とにかく色々な物を購入しました。

電動工具、楽器、電化製品、服、雑貨などなんでもありです。

専門商品という物はなく、手当たり次第買っていました。

軽のワゴンには、小型冷蔵庫や大型アンプなど大きな商品も押し込み、その隙間に服や雑貨を詰め込めるだけ詰め込んでいました。

古物市場に仕入れに行く際は、たくさんの商品を仕入れることになるので、クルマがあったほうが便利だとは思いますが、車がなくても、古物市場より段ボール箱に詰めて発送してくれるところもあります。

クルマがない方は、あなたが行こうと思っている市場は、発送もやってくれるかどうか、事前に調べておくといいと思います。

8 独立する資金がまだわずかという方は、副業ネット古物商でコツコツ貯めるのも賢い選択だ!!

仕入れる量は、商売の規模や目的によっても違ってきます。

たとえば、副業でするのか、本業としてやるのかによって、仕入れに対する取り組みは違ってくるでしょう。

●副業でやる場合の仕入れ金額はどのくらい必要か？

まず、副業でやる場合。

副業でネット古物商を始める場合、自宅で作業を行ない、買い取りもしないのであれば、本当にすぐにでも始めることができるので、仕入れの金額だけがあれば大丈夫です。

具体的な金額は、扱う商品によって左右されますが、10万円もあれば十分仕入れはできると思います。

始めたばかりの頃は古物市場に行っても、余程のことがない限り10万円以上買われる方は稀だと思います。

なぜなら、仕入れた物がいくらくらいで売れるのかについて、あまり経験がないので、おっかなびっくり購入することになるからです。

私が初めて古物市場に行ったときに購入した商品の総額は、1万円にも満たなかったものです。それでも、とても満足のいく仕入れをした、と興奮したことを今でも鮮明に覚えています。

私は、ネット古物商から始めて、いまは店舗を構えてのリサイクルショップを出店していますが、店舗を出す以前の仕入れで多かったのは、10万円以内の仕入れです。たまに勇気を振り絞って10万円を超える買い物をすると、今日は頑張って仕入れをしたな〜、すぐに出品して現金にするぞ〜、と気合が入ったものです。

すでに副業等である程度の経験がある方の場合は、【1．仕入れる→2．売る→3．売上げを得る】、のサイクルを回していけるだけの経験があるので、あまり運転資金

Point

始めたばかりで
古物市場で仕入れをする場合は、
10万円もあれば十分！

の心配はないでしょう。

しかし、あまり経験のない場合は、収入が安定するまでに多少の時間が必要となります。

最悪の状態を考え、もしものときに備えて、1年くらいの生活費を蓄えておけば、余計な心配がなくなり、その分仕入れなどにゆとりをもって臨めると思います。

私自身も開業したての頃は、それほど貯蓄はありませんでしたが、仮に個人事業主としてやる場合でしたら、一般論ですが、300万円ほどはあったほうがより安心して事業に専念できると思います。

ネット古物商もお金が大事です。

特に独立を視野に入れるのであれば、少しでも多くの資金があるほうがいいのは明白です。

独立するための資金集めがこれからの方は、まずは〝副業ネット古物商〟として資金を貯めていくというのも賢い選択です！

9

独立してネット古物商を生業としていくためには、どのくらいの売上げが必要になるか

副業であれば月の売上げはあまり気にしなくても済みます。

しかし、独立してネット古物商を生業にするにはいくらくらいの売上げが必要になるのでしょうか?

仕入れも大切ですが、それ以上に売上げはとても大事になります。

独立する前の収入が基準であれば、独立する前の給与総額の2倍から3倍の売上げが必要になります。

売上げはもちろん利益ではないので、3倍の売上げがそのまま収入になるわけではありません。

売上げから、「仕入れの費用」「経費」を引いて利益が出ます。

■利益 ＝ 売上げ － （仕入れ ＋ 経費）

私が古物商として独立したときは、売上げが月に50万円から200万円くらいの間でした。

それまでは、給与があったので、会社員時代と比べると、正直楽ではありませんでした。

仕入れも毎月順調にいくわけでありませんし、仕入れをしない日は朝から晩まで出品をしていました。

出品の他にも、落札された商品を、梱包して、発送し、お客様に発送連絡をしなければいけません。

でも、気持ちはとても充実はしていました。ネット古物商として独立し、生活できることにより自信もつき、夢として掲げた目標が少しずつ大きくなって行きました。

私の場合は独立したときは結婚一年目、妻のお腹には長男がいました。結婚されている方は当たり前ですが、独立起業するとなったら、配偶者の方の了解、理解、協力がなければ絶対にうまくいきません。

独立する際には、夫婦で、双方納得ができるまで話し合いをしてからにしましょう。

自宅で開業する場合は、生活の拠点とネット古物商の仕事の拠点が同じになります。

当然、家の中は仕入れた商品で一杯になります。

その上、何より生活がかかっているので、古物商として得る収入のことで頭が一杯になります。

自然と家での会話も、仕事のことが中心になりました。

私の場合は、撮影や商品説明などを妻に手伝ってもらいました。

独立された方は、できれば仕入れなども夫婦で一緒に行くと良いと思います。

男性と女性では、視点も考え方も違うので、購入するものも違いますし、単純に1人より2人の目で確認したほうが、利益が出る商品を仕入れる確率も高まると思います(実際、利益が出る商品を仕入れることができました)。

副業でも、本業でも売上げ目標を立てることにより、より商売に対して本気になり、どうやって目標をクリアしたらいいかを考えるので、充実したネット古物商になれると思います。

◎なぜネット古物商になりたいのか？　目的は何か？

◎それによりいくら売り上げれば生活ができるのか？

ここを明確にして、目標をきちんと立てれば仕事に対する覚悟は決まってくると思います。

私も独立するときに言われましたが、古物商として生活するのは難しい、生活できるほど甘くはないと言われましたが、おかげさまでなんとかネット古物商から始めて10年以上続けることができました。

さあ、次はあなたの番です。

10 【スッキリ解決Q＆A】
古物市場の仕入れは現金決済のみ？

さて、ここからは私が講師をしている、古物商の経営講座で良く出る質問や問題点について、Q＆A形式で見ていきたいと思います。

【Q】古物市場の仕入れは現金決済のみでしょうか？　購入したものはその日に持ち帰りが必須でしょうか？　よろしくお願い致します。

【A】基本は現金決済です。信用ができれば後払いOKのところもあります。持ち帰りも基本はその日のうちに持ち帰りです。商品などにもよりますが、ブランド品、雑貨などを扱っている市場では宅配で送ってくれる所もあります。

11
【スッキリ解決Q&A】
古物市場の登録はすぐ終わるのか？

【Q】 古物市場について質問です。

今月中旬に古物商の許可申請を出して、審査には、土日を除いて40日ほどかかると言われました。

古物商の許可を取得したら早速古物市場に買い付けに行きたいのですが、古物市場の登録ってすぐ終わるものですか？

取得したら次の日から行きたいのですが、登録できますでしょうか。

【A】 古物市場は行きたい日に、古物商の免許があれば大丈夫です。

事前に古物市場に電話して、登録料と持参するものを確認して、参加したいと電話しておけばスムーズに参加できます。

また、古物市場には紹介がないと入れない市場などもあります。紹介が必要な場合は、当社でも紹介できる市場もありますので、当方をご利用いただいてもＯＫです。

12

【スッキリ解決Q&A】

今後取り扱う予定の品目は追加しておいたほうがいいか？

【Q】古物商の許可証の受け渡しの際に、「品目を追加する場合は、必ず追加申請をしてください」と念押しされました。

折を見て申請しようと思うのですが、今後の活動に際し、どういうカテゴリーで追加すればいいかがよくわかりません。

また、何度も再申請するのは嫌なので、オールマイティーな指定ができればと思っています。今回の追加申請のときに、どのように指定すればいいのか教えていただいてもいいでしょうか。

【A】今後取り扱う予定の物は追加しておきましょう。

私も宝石貴金属を申請したときに、警察の方から、「買い取りできる？」と聞かれましたが、その際は、「宝石鑑定の研修などを受け、勉強をするので……」と答えました。

また、後日申請することもできます。

取り扱い品目は、買い取りをするのであれば、バイク、クルマ以外は、すべての品目を取り使う物としたほうが良いでしょう。

なぜなら、お客様にとっては、不用な物はすべて買い取ってもらえば助かるので、すべての品目を取り扱っていれば、お客様から仕事を頂くことができるからです。

13

【スッキリ解決Q&A】

総合系の古物市場の探し方はどうするか？

【Q】 総合系の古物市場の探し方を教えていただけないでしょうか？
アパレル、ブランド、骨董、機会工具は見るのですが？

【A】 古物市場はネットで検索してもあまり出てきません。
公開している所もありますが、少ない情報です。こちらは、リサイクル通信を購読するというのもひとつの方法です。

14

【スッキリ解決Q&A】

女性1人でも行きやすい古物市場はあるか？

【Q】 古物商で独立した女性でも行きやすい古物市場はありますか？ 1人で行ったときは何をやるべきでしょうか？ また、何を見るべきでしょうか？ 商品の相場、真贋などがわからないと、やはり古物市場で仕入れるのは難しいものなのでしょうか？ アドバイスをいただけたらと思います。

【A】 女性1人で参加されている方もたくさんいます。心配ありません。

商品の相場は、もちろん、わかっていたほうが良いですね。

一番大切なのは経験です。今まで自分でどのくらいの商品を売っているかです。自分の売った商品が多ければ多いほど、今買えばいくら利益が出るか大体わかります。

真贋ももちろんできたほうが良いですね。

市場でも偽物はまだ出回っています。

ただ市場主も信用第一なので、金額が高い物は、ほとんど偽物はないと思います。

何を見たら良いかについては、「他の方がどのような商品を、いくらくらいで購入しているか」を見たらいいと思います。

何をするべきかについては、市場には休憩などもありますので、女性1人で来ている人がいたら、「こちらから声をかけて話をしてみる」、「市場主に話ができたら教えていただく」など、積極的にしていくと良いと思います。

古物市場は、購入する場所であり、また大切な情報交換ができる場所でもあります。古物商の仲間ができる場所としても、とても良い場所になります。積極的にチャンスを活かしていきたいものです。

【スッキリ解決Q&A】

15 安い仕入れをするには大手のフランチャイズに加盟してお店を持ったほうがいいのか？

【Q】 将来、古物市場に商品を出品し、売り上げを作りたいと考えています。そのためには安い買い取り品を在庫しなくてはなりません。一番安い仕入れをするためにはお店を持つのが良いと思っています。

ただ、自分ではできないので大手の店舗のフランチャイズなどから店舗を出したほうがよいのでしょうか？

【A】 フランチャイズは素晴らしいシステムだと思います。

ただ、これは良く聞くことですが、フランチャイズに入ったからといってすべて安心というわけではありません。

良いシステムを利用できるのは素晴らしいことですが、それに甘えて、本部任せの方は上手くいかないそうです。

また、古物商のフランチャイズも今は多くありますので、比較検討する場合は、1社だけでなく数社を比べてみるのが良いと思います。

どういう仕組みでどれくらい儲かるビジネスモデルと実績があるのかといった、ビジネスの仕組みはもちろんのことですが、加盟金、毎月のフランチャイズ料金、売り上げに対しての手数料、研修などはどれくらいあるか、といったところがお金のかかるところでありチェックポイントでもあります。

16

【スッキリ解決Q&A】

古物市場にも偽物が出回ることはあるのか？

【Q】古物市場に出回る商品は全部「本物」と考えてよろしいでしょうか？
また、購入した物が壊れていた場合は返却できるのでしょうか？

【A】89頁でも触れましたが、基本的には本物だけのはずですが、古物市場によっては偽物が混入することもあります。

たとえば、プロの方が使っている古物市場用語で「山」と呼ばれる（一つずつではない商品）、まとめてダンボールなどに入っているものなどは、一つずつ検品ができないので、偽物が混じっていることもあります。

購入した物が壊れていた場合の質問ですが、家電製品などは、市場により「保障品」、あるいは「保障なし」としてセリにかける商品もあります。

その場合、購入した後で動作しないなどの不具合があった場合、「購入日から○何日以内」といった、日数の決まりはありますが、返却できる古物市場もあります。

第3章

古物商の免許の取り方とやらなければならないこと

申請から許可が出るまで
40日くらいかかります。

1 古物商になるには、まず免許の申請が必要

古物商になるために、まずしなければならないことは、古物商の免許を取得することです。

免許は、自宅で開業しようとする場合はお住まいの地域にある警察署に、また事務所・店舗で開業しようと思う場合は、その地域の警察署に行き申請をします。

申請する前に警察署に電話を入れ、担当の方を聞き、訪問する時間のアポを取っておくと確実です。

それだけで対応がスムーズになります。

当日に書類を持参しても、担当者がいない場合は、受付をしていただけないことも

あります。

チョットしたことですが、これだけで無駄な時間がなくなります。

必要な書類は、警視庁の古物営業法のホームページに詳しく書いてありますが、ポイントは、個人で申請する場合と、法人で申請する場合では必要書類が違ってくるということです。

あまり聞きなれない言葉もあると思いますので、こちらも不安であれば警察署に確認して用意をすると確実です。

●古物商の許可申請記入例の注意点

①行商って何?

許可申請の流れは、99～１００頁を参照してください。許可申請に必要な書類は、これも警視庁のホームページにもありますが、１０１頁の表を参照してください。許可申請の記載例は、１０４～１０６頁を参照してください。

Point

許可申請をする前に、警察に電話をして
担当者にアポを取ろう！

古物商の免許を取得するまでの流れ

申請書類を用意する

- 許可申請書
- 身分証明書
- 登記されていないことの証明書（東京法務局が発行する「成年被後見人・被保佐人に登記されていないこと」を証明するもの）
- 住民票
- 略歴書
- 誓約書
- 営業所の賃貸契約書のコピー
- 駐車場等保管場所の賃貸契約書のコピー（自動車等の買い取りの場合、保管場所が確保されているかを確認するためのもの）
- （URLを届け出る場合）プロバイダー等からの資料のコピー
- 申請費用　1万9000円

↓

申請場所

↓

営業所の所在地を管轄する警察署の「防犯係」が窓口

↓

審　査

↓

許可証の交付

↓

開　業

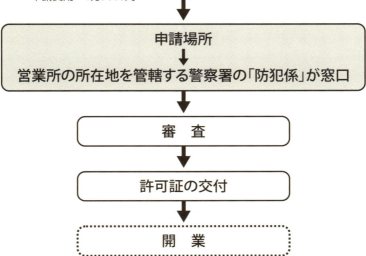

古物商の許可申請から実地調査、認可までの流れ

ステップ1　申請書類を提出する

↓

ステップ2　実地検査（実査）

・警察官が出向いて、申請者の営業所を調査
・営業所の所在地と取り扱う古物が申請書通りであるかを確認する

↓

ステップ3　標識（プレート）と古物台帳の購入先を指定

↓

ステップ4　標識と古物台帳を購入し、警察署に持参する

↓

ステップ5　古物商の許可証を交付する

・住所・氏名・行商の有無を確認する

↓

遂に開業!!

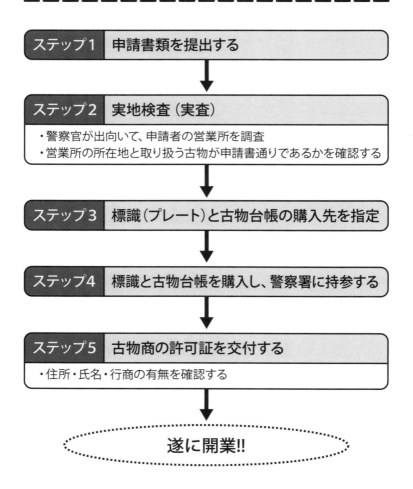

古物商の許可申請する際に必要な書類

必要書類	個人で許可申請する場合	法人で許可申請する場合
法人の登記事項証明書	×	○
法人の定款	×	○
住民票	○ 本人と営業所の管理者	○ 監査役以上の役員全員と営業所の管理者
身分証明書	○ 同上	○ 同上
登記されていないことの証明書	○ 同上	○ 同上
略歴書	○ 同上	○ 同上
誓約書	○ 同上	○ 同上
営業所の賃貸借契約書のコピー	△	△
駐車場等保管場所の賃貸借契約書のコピー	△	△
URLを届け出る場合は、プロバイダー等からの資料のコピー	△	△

たとえば、104頁の許可申請記載例①の中の、住所欄の下に「行商をしようとする者であるかどうかの別（★印参照）」という欄があり、ここで行商という最近あまり聞かない言葉が使われています。

古物営業法でいう「行商」とは、申請をした住所以外で販売・買い取りをすることを指しています。

たとえば、古物市場で購入したり、販売したりすることを指します。

また、フリーマーケットで販売したり、出張買い取りをする場合も「行商」に当たります。

ですから、ここの欄はほとんどの方が該当しますので、「1．する」に○で問題ないです。

②喫茶店やコンビニの駐車場などで「買い受けること」は禁止されている！

また、古物の買い取りは、届け出た営業所か、相手方の住所、居所でなければできません。

「行商する」に○になっていても、古物の買い取りをする場合は、場所に制限があります（古物営業法・第14条の営業の制限により定められている）。

たとえば、スーパーやコンビニの駐車場、ファミリーレストラン、喫茶店などで、古物を買い受けることはできません。

「行商する」と届け出ていても「売る」ことはできますが、「買い取る」ことはできません。これに違反すると営業許可を取り消される場合もあるので注意が必要です。

また、相手の自宅などを訪問して買い取りを行なう場合は、古物商本人の場合は許可証、従業員は、「行商従業者証」を携帯する義務があります。

個人許可申請の記載例-①

別記様式第１号その１（ア）（第１条関係）

資料区分	① 11		受理年月日	②3.昭和4.平成　年　月　日
受理警察署	②	（　　署）		
許可証番号	③		許可年月日	⑤3.昭和4.平成　年　月　日

該当する方に○　古物商（○）／古物市場主　許可申請書

古物営業法第５条第１項の規定により許可を申請します。

申請日を記載
年　月　日

東京都　公安委員会　殿

申請者の氏名又は名称及び住所
東京都○○区○○1－1－1
桜田ハイツ101号室
桜田　太郎　㊞

許可の種類	⑥ (1) 古物商　2. 古物市場主	
氏名又は名称	（フリガナ）⑦ サクラダ　タロウ （漢字）⑧ 桜田　太郎	
法人等の種別	⑨ 1. 株式会社 2. 有限会社 3. 合名会社 4. 合資会社 5. その他法人 (6) 個人	
生年月日	⑩ 西暦0 明治1 大正2 昭和(3) 平成4　年 0036 月 01 日 01	
住所又は居所	東京 (都)道府県 ○○ 市(区)町村 ⑫ ○○1－1－1　桜田ハイツ101号室 電話（ 03 ）○○○○－○○○○番	⑪ 国籍 ⑬（　　）
行商をしようとする者であるかどうかの別	⑭ (1) する　2. しない	
主として取り扱おうとする古物の区分	⑮ 01 美術品類　02 衣類　(03) 時計・宝飾品類　04 自動車　05 自動二輪車・原付　06 自転車類　07 写真機類　08 事務機器類　09 機械工具類　10 道具類　11 皮革・ゴム製品類　12 書籍　13 金券類（いずれか1つに○を付けること）	

★→ 行商をしようとする者であるかどうかの別

代表者等	種別	⑯ 1. 代表者　2. 役員　3. 法定代理人	
	氏名	（フリガナ）⑰ （漢字）⑱	
	生年月日	⑲ 西暦0 明治1 大正2 昭和3 平成4　年　月　日	
	住所	都道府県　市区町村 ㉑ 電話（　　）　－　番	⑳ 国籍 ㉒（　　）

記載要領
1　申請者は、氏名を記載し及び押印することに代えて、署名することができる。
2　最上段及び太枠右側の細枠内には記載しないこと。
3　不要の文字は、横線で消すこと。
4　数字を付した欄は、該当する数字を○で囲むこと。

個人許可申請の記載例-②

別記様式第1号その2（ア）（第1条関係）　　（　／　）

資料区分	① 1 3		受理年月日	②3.昭和 4.平成　年　月
受理警察署	③	（　　署）	許可の種類	④1．古物商　2．古物市場主
許可証番号	⑤		許可年月日	⑥3.昭和 4.平成　年　月
所轄警察署	⑦	（　　署）	営業所等整理番号	⑧

営業所・古物市場	形態	⑨ 1.営業所あり　2.営業所なし　3.古物市場	
	名称	（フリガナ）⑩ リサイクルショップ　サクラダ （漢字）⑪ リサイクルショップ桜田	
	所在地	（住所又は居所と同じ場合は、記載を要しない） 都道府県　市区町村 ⑬ 電話（　　）　－　番	⑫
	取り扱う古物の区分	⑭ 01 美術品類　02 衣類　03 時計・宝飾品類　04 自動車　05 自動二輪車・原付　06 自転車類　07 写真機類　08 事務機器類　09 機械工具類　10 道具類　11 皮革・ゴム製品類　12 書籍　13 金券類	
管理者	氏名	（フリガナ）⑮ サクラダ　タロウ （漢字）⑯ 桜田　太郎	
	生年月日	⑰ 西暦 0　明治 1　大正 2　昭和 3　平成 4　／　0036 年　01 月　01 日	
	住所	東京 都道府県　○○ 市区町村 ⑲ ○○1－1－1　桜田ハイツ101号室 電話（　03　）○○○○－○○○○番	⑱ 国籍 ⑳（　　）

記載要領

1　最上段及び太枠右側の細枠内には記載しないこと。
2　数字を付した瑚は、該当する数字を○で囲むこと。

個人許可申請の記載例-③

別記様式第１号その３

電気通信回線に接続して行う自動公衆送信により公衆の閲覧に供する方法を用いるかどうかの別						⓵ 用いる				2. 用いない			
送信元識別符号													
h	t	t	p	:	/	/	w	w	w	.	k	e	i
s	h	i	c	h	o	.	m	e	t	r	o	.	t
o	k	y	o	.	j	p							

記載要領

1　申請者は、氏名を記載し及び押印することに代えて、署名することができる。
2　不要の文字は、横線で消すこと。
3　数字を付した欄は、該当する数字を○で囲むこと。
4　送信元識別符号の英字は、点線を参考にして、活字体で記入すること。
5　送信元識別符号のうち誤読されやすいものには、適宜ふりがなをふること。
6　所定の欄に記載し得ないときは、別紙に記載の上、これを添付すること。

2 〝ネット古物商〟を開業する場合の届出で必要なものは？

主にインターネットを利用して取引を行なう、いわゆる〝ネット古物商〟として開業したい場合は、該当するＵＲＬ（古物を販売するＵＲＬ、買い取りをするのであれば買い取りをするＵＲＬ）を警察署に届けなければいけません。

私が独立した当初は、買い取りをするホームページ、専門の販売ページがありませんでしたから、ヤフーオークションのＩＤの出品ページをＵＲＬとして届けました。

現在は、オークションサイトに一点ずつ出品する場合は必要ないようですが、地域により異なる場合がありますので、古物商の営業所を開設される警察署に問い合わせをしてみてください。

なお、販売・買い取りのＵＲＬがまだ決まっていない場合でも、先に申請をすることができます。

申請から取得まではおよそ40日前後を要するので、その間に決めても良いと思います。

ＵＲＬの申請は古物商の免許を取得した後でも問題ありません。

変更届出（URL届出）について（警視庁ホームページより抜粋）

古物商の方が「自身でホームページを開設する」、「オークションサイトにストアを出店する」場合は、開設等から2週間以内に変更届出（ＵＲＬ届出）が必要です。

ホームページを開設等してから届出をしてください（届出だけして未開設のままの方が多くいます）。

単なる会社のホームページ等、古物に関する情報の記載がない場合や、オークションサイトに1点ずつ出品する場合は、届出の必要はありません。

また、届出たＵＲＬを変更した場合、閉鎖した場合も届出が必要です。

Point

ネット古物商を始める場合は、
古物を販売するＵＲＬ、
買い取りをするＵＲＬを警察に届け出る!!

3 どんな人でも古物商になれるの？

私は個人と、法人成りしてから法人で古物商の許可を取得しました。
ただし、下記に該当する場合は古物商の許可は受けられません。

■次に該当する方は、許可が受けられません（欠格事由）
①成年被後見人、被保佐人（従来、禁治産者、準禁治産者と呼ばれていたもの）又は破産者で復権を得ないもの。
②罪種を問わず、禁錮以上の刑

・背任、遺失物・占有離脱物横領、盗品等有償譲受け等の罪で罰金刑
・古物営業法違反のうち、無許可、許可の不正取得、名義貸し、営業停止命令違反で罰金刑に処せられ、刑の執行が終わってから5年を経過しない者
※執行猶予期間中も含まれます。執行猶予期間が終了すれば申請できます。

③住居の定まらない者

④古物営業法第24条の規定により、古物営業の許可を取り消されてから5年を経過しない者
※許可の取り消しを受けたのが法人の場合は、その当時の役員も含みます。

⑤古物営業法第24条の規定により、許可の取り消しに係る聴聞の期日等の公示の日から、取り消し等の決定をする日までの間に、許可証を返納した者で、当該返納の日から起算して5年を経過しないもの。

⑥営業について成年者と同一能力を有しない未成年者

※婚姻している者、古物商の相続人であって法定代理人が欠格事由に該当しない場合は、申請できます。

⑦営業所又は古物市場ごとに、業務を適正に実施するための責任者としての管理者を選任すると認められないことについて相当な理由のあるもの。

※欠格事由に該当している者を管理者としている場合などが該当します。

⑧法人役員に、（1）～（5）に該当する者があるもの。

4 古物商では、どんな物が扱えるの？

古物は、古物営業法施行規則により、次の13品目に分類されています。警視庁のホームページにも掲載されているので、チェックしてみてください。13品目を扱うのですが、まずは、一つメインに扱う品目を決めます。

私は服の販売を多く取り扱っていたので、許可申請書の「取り扱う古物の区分」の欄の中の（2）の衣類商で申請しました（3章1の記載例を参照してください）。

取り扱う区分のところは、今は取り扱っていなくても、今後予定があるかもしれないものは、○をつけてください。

自動車などは駐車場があるなど決まりがありますので、そのあたりのことは警察署で詳しく教えてくれます。

13品目について見ていきましょう。

（1）美術品類

あらゆる物品について、美術的価値を有しているもの。

【例】絵画、書、彫刻、工芸品、登録火縄銃・登録日本刀。


美術品は、骨董などの商品です。

私のお店がある千葉県のＪＲ下総中山駅には、法華経寺があります。そこでは年に2回骨董市が開催されます。私のお店の近くにある骨董屋さん（「ヴォーグ」）が幹事なのですが、毎回大賑わいです。

【骨董市】とインターネットで検索すると、全国各地でやっています。骨董市で、私も刀の鍔（つば）やキセルなどを買い、ヤフオクなどに出品していました。

骨董品は海外では高く売れるものもあります。ただし本物、偽物、価値があるものない物などを見分ける力がとても重要です。

日本の骨董は海外で人気があるそうで、骨董市で購入した方は、ヤフオクに出品したり、海外オークションのイーベイにも出品しているそうです。

中にはヤフオク・メルカリで購入したものをイーベイに出品している方もいます。

イーベイは英語のため、ネット販売している人の中でも、ライバルが少なく魅力的な販売網です。

(2) 衣類

繊維製品、革製品等で、主として身にまとうもの。

【例】着物、洋服、その他の衣料品、敷物類、テーブル掛け、布団、帽子、旗。


私は衣類商をメインにしています。お店も伊太利屋・レオナールと呼ばれる婦人服をメインにしています。

現在は大手のリサイクルショップも、服の買い取り販売を強化しています。

昔は単価が安く手間もかかるので、多くはなかったのですが、最近は総合リサイクルショップの中でも服の売り場がどんどん拡大されています。

子供服・メンズ専門店・コスプレなど、こちらも衣類と言っても色々な種類があります。

ネット販売する場合、リサイクルショップは仕入れの場所になります。フリーマーケットも仕入れをする場となります。

また、ネットで仕入れてネットで販売することもできます。

(3) 時計・宝飾品類

そのものの外見的な特徴により、使用する者の嗜好によって選択され、身につけて使用される飾り物。

【例】時計、眼鏡、コンタクトレンズ、宝石類、装飾具類、貴金属類、模造小判、オルゴール、万歩計。

時計や宝飾品は、現金化しやすい商品、換金しやすい商品の代表です。宝飾品などは、買い取った商品を次の日には現金化することも可能です。

たとえば、東京・御徒町には、実際に、買い取り貴金属を郵送すれば、次の日には、その日の金相場で購入してくれる会社が数社あります。

しかし、貴金属・高級時計を買い取りをするには、買い取り金額が大きいため資金力が必要になります。

最近は、金相場は上がっているのですが、金買い取りがとても盛んだったひと頃に比べると、金の買い取り専門店もだいぶ少なくなったようです。

私のお店も金の買い取りをしているのですが、やはりだいぶ少なくなりました。

ただし、古物商を始めたばかりの方が、金の買い取りをするのは、実際難しいと思います。

金の買い取りを行なうのであれば、本物・偽物を見分けられるようになる**真贋研修**をしたほうが良いでしょう。

真贋研修では、実際の商品、本物の正規品に触れたり、また偽物の基準外品に実際に触れながら、違い、真贋を見分けるポイントについての研修を行ないます。また、商品知識を学んだり、商品の状態を見てAランク・Bランクなどの基準に分ける判断力を習得したりします。

宝石もダイヤなどの「4C」と呼ばれる色（カラー）、透明度（クラリティ）、重さ

（カラット）、研磨（カット）などは、真贋研修を受けても、買い取りの値段をつけるのはなかなか難しいです。

たとえば、ダイヤのカラーは　無色透明が良いと言われており、クラリティは内包物や傷が少ないものが良いとされています。

カラットとは、石の重量で、1カラット（単位はct）は0・2gになります。

また、カットとは、ブリリアントカットなどのように、研磨の仕方を指します。

こうした宝石は、金額が大きいため、偽物もだいぶ出回りました。私のお店でも何回か偽物を買い取ってしまいました。

買い取る際の注意点はあります。

まず注意したい点は、地域外の人が持ち込む商品は注意したほうが良いということが言えます。

私の店で偽物買い取りをした人は、すべて千葉県以外の方でした。

また、宝石・貴金属と同じく、高級時計の買い取りをするのであれば、真贋を見極める研修を受けたほうがいいでしょう。

（4）自動車

自動車及びその物の本来的用法として自動車の一部として使用される物品。

【例】その部分品を含みます。タイヤ、バンパー、カーナビ、サイドミラー等。

（5）自動二輪車及び原動機付自転車

自動二輪車及び原動機付自転車並びに、その物の本来的用法として自動二輪車及び原動機付自転車の一部として使用される物品。

【例】タイヤ、サイドミラー等。

（6）自転車類

自転車及びその物の本来的用法として自転車の一部として使用される物品。

【例】空気入れ、かご、カバー等。

（4）（5）（6）は、特に専門性もあり、整備ができる方、駐車できるスペースなども必要なため、駐車場がないと駄目などの決まりがあります。私もまだ経験がありませんので、詳しく警察の担当者等に聞いてみるのもいいかと思います。

(7)写真機類

プリズム、レンズ、反射鏡等を組み合わせて作った写真機、顕微鏡、分光器等。

【例】カメラ、レンズ、ビデオカメラ、望遠鏡、双眼鏡、光学機器。

(8)事務機器類

主として計算、記録、連絡等の能率を向上させるために使用される機械及び器具。

【例】レジスター、タイプライター、パソコン、ワープロ、コピー機、ファックス、シュレッダー、計算機。

(9)機械工具類

電機によって駆動する機械及び器具並びに他の物品の生産、修理等のために使用される機械及び器具のうち、事務機器類に該当しないもの。

【例】工作機械、土木機械、医療機器類、家庭電化製品、家庭用ゲーム機、電話機

⑽ 道具類

（1）～（9）、（11）～（13）に掲げる物品以外のもの。

【例】家具、楽器、運動用具、CD、DVD、ゲームソフト、玩具類、トレーディングカード、日用雑貨。

（7）～（10）の分野は、好きな方・その専門分野の仕事に携わっていた方は、特に結果を出しやすいと思います。

日本のカメラは海外オークションでも人気が高く、知識をつけ、目利きができるようになれば利益をあげられる商品と言えるでしょう。

実は私もネット販売のきっかけが、デジカメでした。オークションを始めるために買ったデジカメを、オークションに出品したら、売れてしまったのです。そこで、ワゴンセールをしていた、同じデジカメをすべて買い、ネットで販売して10万円以上の利益を出したのです。

この場合は、新品未使用品だったため、カメラの知識がなくてもできたのです。

その後もワゴンセールがあるときは、確認はしていました。

一番儲かるのは中古品のジャンク品となっている商品を購入して、商品を直して出品する場合でしょう。

パソコン・楽器もカメラと同じように修理ができるなど、好きな方がまずは仕入れて販売してみると良いでしょう。

機械工具も良く古物市場に出てくる商品です。リサイクル専門店も増えてき、古物市場でも人気商品です。

工具などは盗難品が多く出回っているそうですので、買い取りをするときは特に注意が必要です。

買い取る際には、機種はもちろん、製造番号などの特徴を詳しく記入しましょう。

(11) 皮革・ゴム製品類

主として、皮革又はゴムから作られている物品。

【例】鞄、バッグ、靴、毛皮類、化学製品（ビニール製、レザー製）。

人気のあるブランド品、たとえばエルメス、ルイ・ヴィトン、グッチ、コーチのブランドバッグなどです。

メルカリ、ヤフオクでも人気カテゴリーです。

古物市場も新しい市場がどんどんできています。

これらのブランド品を扱う場合も、**ブランド真贋研修**を受けたほうが良いと思います。

(12) 書籍

【例】古書専門書・参考書・アイドル写真集・楽譜・スコア・音楽書など。

出張買い取りの際に本はあまりやっていなかったのですが、処分して欲しいと言われた雑誌なども、調べてみると結構高額の雑誌などもあります。

(13) 金券類

【例】商品券、ビール券、乗車券、航空券、各種入場券、各種回数券、郵便切手、収入印紙、オレンジカード、テレホンカード、株主優待券。

金券類は、繁華街の駅の近くなどで良く見かけますが、チェーン店などが主流です。競合も激しく薄利多売のため、資金力も必要です。

有名人のコンサートチケットやスポーツなどのチケットは、転売目的の場合はオークションなどでは削除されてしまいます。

2019年6月14日、「入場券不正転売禁止法」が施行されました。

5 古物商で義務づけられていることとは

●帳簿をつける義務がある

私のお店では独自の伝票を使っていますが、古物台帳は各都道府県の防犯協会でも販売しています。

その他エクセル等独自のパソコンで管理することも認められています。

こちらは3年間保存しておかなければなりません。

古物台帳が必要な理由としては、主に盗難品などを出回るのを防ぐために、義務づけられています。

取り引きをしたら確認事項と取引の記録を管理し、保存しておくことが義務づけられているのです。

●帳簿のつけ方

【受け入れの場合のチェック項目】

■年月日……その古物を受け取った日付
■区　分……「買受」・「委託」、または「交換」の旨を記入する
■品　目……受取った古物の通称名、グレードなど
■特　徴……シリアル番号や車体番号、年式や細かい特徴など
■数　量……その古物の数量（基本的には一つにつき一つの欄を使用するので、基本1で）
■確認の方法……相手の真偽を確認するために行なった手段。文書交付を受けた場合はその旨も記入する
■住所、氏名、職業、年齢……詳細に記録する

【払い出しの場合のチェック項目】

■年月日……その古物を払い出した日付

■区　別……「売却」・「委託」に基づく、「引き渡し」「返却」の旨を記入する

■住所、氏名、職業、年齢……詳細に記録する

※1万円以下の取引や免除されている品物以外はすべて記載義務があります

Point

古物商には、帳簿をつける義務がある！

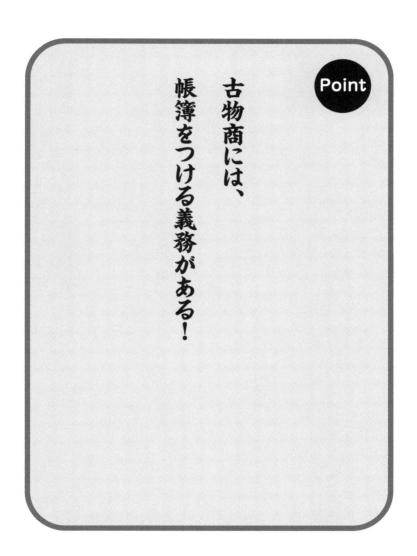

6 盗難品を特定する決め手は、「特徴」と「シリアル番号」

現在は盗難品がインターネットで販売されるケースが多々あります。

この際に盗難品を特定する決め手は、特徴・シリアル番号になります。

この特徴・シリアル番号がない場合は特定できないため、古物商で取り引きがあった場合は、詳細にその特徴をつけることが義務づけられており、これによって犯罪を特定できます。

私のお店でも、盗難に遭ったことがありますが、この「特徴」により盗難品が見つかり、犯人を特定できて捕まり、商品が戻ってきたということがありました。

平成28年の警視庁のデータによると、次ページのように、古物商の中にも違反をして検挙されている方もいるので、決められたことは厳守することです。

古物営業法違反の態様別検挙状況の年別推移（平成19年～平成28年）

平成28年中における古物営業法違反の検挙状況は、検挙件数39件（対前年比+16件、検挙人員34人（同+24人）であった。）

態様＼年別		H19	H20	H21	H22	H23	H24	H25	H26	H27	H28
無許可	件数	20	8	12	14	16	17	9	11	5	11
	人員	24	10	12	14	17	13	10	8	5	13
変更届出	件数	4	1	3	9	5	5	14	2	7	8
	人員	3	1		4	4	4	1	1		2
身分確認	件数	2	2	3	5	1	1	2	4	2	6
	人員	3	2	1	4	1	1	1	3	1	6
帳簿等記載	件数	2	4	10	9	3	4	1	6	5	7
	人員	1	4	7	8	3	4		3	1	6
その他	件数	17	9	6	9	6	7	7	6	4	7
	人員	24	13	4	12	5	6	10	4	3	7
総数	件数	45	24	34	46	31	34	33	29	23	39
	人員	55	30	24	42	30	28	22	19	10	34

●出典：警察庁生活安全局生活安全企画課、警察庁生活安全局情報技術犯罪対策課、「平成28年中における古物営業・質屋営業の概況」より

第4章

また来たくなる「ネット古物商の接客サービス」が儲かるお店をつくる

お客様がどんどん
来てくれる、儲かる
しくみをつくろう！

1

儲かる古物商のつくり方にはいろんなスタイルがある

ひとくちに古物商と言っても、その商売のやり方によって、儲けの出し方はいろいろあります。

たとえばですが、

◎会社勤めをしながら週末などに自宅を使って副業でやる

◎いまやってる商売以外にサイドビジネスとしてやる

◎本業としてネット古物商としてやる

◎実店舗のリサイクルショップをオープンする

といった形態はすぐ頭に浮かんでくるのではないでしょうか。

また、お店を構えて商売をする場合でも、

◎自分ひとりでつくる

◎フランチャイズに入って出店する

といったやり方もあります。

また、古物市場主の許可を取得して、

◎古物市場を開催する

ことで商売をしていくという考え方もあります。

前にもお話ししましたが、古物商で非常に重要な「仕入れ=買い取り」を行なうための販促にしても、

◎サイトで買い取りをする

◎近所の家にチラシをポスティングして買い取りをする

◎新聞にチラシを入れて買い取りをする

◎タウン誌や地域新聞などに広告を入れて買い取りをする

など色々な古物商としての儲け方がありますが、何が一番これから自分のしようと思っている古物商の商売スタイルにとって効率的かは自分で選んでいかなければなりません。

2 「副業」でやる場合の儲けの出し方はどうしたらいいか

それでは、いろいろな古物商の儲けの出し方について、一つずつ見て行きましょう

現在、副業を認めている会社はまだわずかではありますが、徐々に現れてきました。特に、ここ数か月の間に、政府が進める働き方改革を現場で具体的に実現するために、たとえば、就業規則に副業を認める規定の設け方を示したモデル例を作るなどの動きも、厚労省などに出てきました。

拙著『お金が貯まる「スマホ副業」の稼ぎ方入門』でも書きましたが、メルカリやヤフオクなどのネット販売は本当に、誰でも簡単にできるので、そのネット販売を継続して仕事としてやっていく場合は、古物商の免許を取得しなければなりません。

自分の身の回りにある不用品をメルカリなどに出品して「お小遣いを稼ぐ」程度であれば、古物商の免許は必要ないでしょうが、他からリサイクル品を仕入れて、それを売って「儲けを出していく」ということを継続して行なっていく場合は、古物商の免許が必要になります。

●古物市場で仕入れてネットで販売する

古物商にとって「仕入れ」が肝になります。

そして、安く仕入れて高く売るという商売の基本どおりにするとすれば、できるだけ仕入れ金額を安くすることが「儲けを出す」ためには重要になります。

仕入れはどのようにするかと言うと、前にもお話ししましたが、古物商になると、免許を取得した人だけが参加できる「古物市場」に行くことができます。

副業でやる場合ですと、会社が休みの日に古物市場に参加して、仕入れをするということになります。

そして、仕入れた物を、次の休みの日や通勤時間の隙間時間にスマホなど、ネットを使って販売するのです。

●ネットで仕入れてネット販売する

また、ネットで仕入れてネットで販売するという方法もあります。

今、ネットの販売チャンネルはたくさんあります。たとえば、メルカリ、ヤフオク、ラクマ、バイマ、ジモティー、仕入れサイトなどなど数えればきりがありません。

ヤフオクやメルカリなどで購入した商品を、海外オークションのイーベイで販売している方もいます。

また、ヤフオクで購入した物を、ヤフオクで販売して儲けを出している方も多くいます。

メルカリでは定額販売のため、商品価値があるにもかかわらず、安値で販売されている商品があります。それを購入して、高く売れるヤフオクやイーベイに販売することで、「差額で儲けを出している」のです。

Point

副業を始めるなら、
まずは身の回りの不用品を
ネットで販売してみよう！

3 ネット古物商で利益を出すためのメルカリなどの活用のコツ

●ヤフオクの活用法

ヤフオクは、古物商になると必ずと言っていいほど使うサイトです。

たとえば、値段の相場を調べたいときにも使えます。

相場は、落札相場を調べればわかります。

この落札相場を基準にすれば、買い取りを行なう場合、この値段より安い金額で購入すれば損はないということです。


ただし、フリーマーケットやリサイクルショップで〝仕入れる〟際に、ついつい便利なスマホを使い、その場で相場を検索してしまうということがあるかと思いますが、これはマナーとしてもあまりいいことではありません。

目の前でお客さんにいきなり検索されても、まったく気にしない人もいますが、マナーとしては、検索するときは、その場から離れるか、リサイクルショップを出てから行なうようにしましょう

ヤフオクは、古物商にとって、販売はもちろんのこと、仕入れに使うこともできます。たとえば、まとめて出品されている物、「1円出品」などを購入して、それをネットで販売することで利益を出すこともできます。

古物商にとって、ネットを使った儲けの出し方は、次のようなものがあります。

◎ヤフオクで購入した商品をヤフオクで販売する
◎ヤフオクで購入した商品をメルカリで販売する
◎ヤフオクで購入してイーベイで販売する

また、ヤフオクなど、ネットで購入した物を古物市場で販売して利益を出すこともできます。

●仕入れた商品がなかなか売れないときはどうするか

私の場合は、仕入れた商品がなかなか売れない場合は、ヤフオクを使い、現金化したいときには、「1円出品」を使うことが多いです。

ただこの場合も、落札相場を調べることにより、高くなる商品かどうかを見極めることができます。

金額が高くなっている出品数が多い商品は、1円出品しても問題ないと思いますが、あまり出ていない商品は、最近は金額が上がらないことも多いため、それでしたら古物市場で販売したほうが高くなる場合もあります。

●メルカリの活用法

急成長しているフリマアプリで注目されているメルカリは、今、その販売力には、爆発的な威力があります。

出品して、1分以内に売れる商品もあります。

出品は古物商の方も多く出されています。

商品説明の欄に、「他サイトにも出品しているので、購入前にコメントでご確認ください」と入れている、ヤフオクとメルカリ両方に出品している場合は、在庫管理が重要になってきます。

どちらにも入札が入ってしまった場合は、取り消しなどの、評価も「悪い」がつくこともあります。

●イーベイの活用法

イーベイは、世界に向けて販売できる、オークションサイトです。

参入する人が少ないのと、参入してもやはり続かない場合が多いので、競争はメルカリやヤフオクに比べると少なくなります。

現在は、私も提携している方に出品をしていただいています。

ヤフオクやメルカリで出品をするよりも価格が高くなる商品も多く、メルカリ・ヤフオクで仕入れたものをイーベイに出品している方も多くいます。

古物市場で仕入れた物をイーベイに出品すれば、さらに利益が出ると思います。

●ネット販売のスクールなどにも参加してみよう

ネットを使った商売の場合は、仕入れ・販売でも独自の儲け方があるので、その人に合った方法で極めて行くと良いと思います。

現在はネット販売に関するスクールもたくさんあるので、結果を出すためには、参加するのも一つの方法です。そうしたスクールに参加している方が、大きな成果を出しているという事例もあります。

また、これからネット古物商になって開業しようとする方、リサイクルショップを開きたい方、オークション代行業をしたい方向けに、1回1時間30分の古物講座を当社にて定期的に開催しています。

4 フリーマーケットでは仕入れも販売もできる【副業編】

また、フリーマーケットも儲けられる場所の一つです。

私も古物市場を知らないときは、仕入れをするためにフリーマーケットに行っていました。

フリーマーケットは商品を捨てるのはしのびないと思う方が参加されるので、本当に安く購入することができます。

また、私に古物市場というものを教えくれた方は、古物市場で購入したものをフリーマーケットで販売することで「儲け」を出していました（これで利益を出しているのですから、いかに古物市場で超安く仕入れることができるかが、おわかりになるかと思います……）。

●ネットで高く売れなかった物がフリマで高く売れることも

私もお店を持つ前には、フリーマーケットでは、仕入れるだけではなく販売もしていました。

ネットではあまり高くならない商品が、フリーマーケットで販売することでネットより高く売れる商品が多々あります。

また、仮にネットで1000円くらいの商品を販売する手間を考えると、フリーマーケットならもっと効率良く売れる商品もたくさんあります。

ネット販売では1000円くらいの値段でしか売れない商品が、フリーマーケットならその2倍、3倍の2000円、3000円で売れるということもあるのです。

●もっと売りたいなら大型フリマに参加しよう!!

フリーマーケットに参加するなら、大型のところに参加するといいでしょう。

なぜなら、大きなフリーマーケットは、出す人の人数も多いですが、購入する人もたくさん集まるからです。当然、小さなフリマに比べたら売れる確率は高まります。

そうした大型のフリーマーケットですと、その人気はすごくて、開始9時となっていても、開始時間前から購入してくれます。

そこには、リサイクルショップの人、ネット転売する人など、プロの方や副業をしているセミプロの方が買いに来ることも多々あります。

また、せっかくの商品を持って帰るのもいやなので、終わり間際などには捨て値で売る人も出てきます。場合によっては、無料でいただけることもあります。

フリーマーケットは、副業で古物商をするには、十分稼げると思います。

Point

もっと儲けたいなら、
大規模フリーマーケットに参加しよう！

5 仕入れをする商品は「自分の好きな物」に絞ってみる【副業編】

仕入れる商品はやはり、自分が好きな物、よく知っているジャンルを選んだほうがいいでしょう。

なぜなら、どこが特徴なのか売れるポイントも熟知しているので、当然、販売も良い結果につながるからです。

自分はファッション系が好きということであれば、衣類やブランド品を仕入れてみるということです。

自分の好きな物は、その価値をよく知っているだけに、仕事とは言え、ネットで検索をするだけでわくわくしてきます。それが良い結果につながりやすいのです。

精密機器が好きという人であれば、修理して売ることでより大きな儲けを生む可能性もあります。

たとえば、パソコン、スマホ、カメラの精密機器などは、ジャンク品として販売されている商品を安く買い、修理をしたり、きれいにクリーニングをしてピカピカに磨きあげることで、より高く販売することができるのです。

そうして仕入れたジャンク品の中には、稀に動作確認をしたところ、きちんと動くものが混ざっていることもあります。

これは、その商品に詳しくないために、扱い方がよくわからず、実際は動くのに、動作確認をすることできなかったので、あとでクレームになるのも面倒なので、まとめてジャンク品としてネットで販売した、というケースです。

また、リアル店舗でも、まだ使える、動く状態の商品でもジャンク品として扱われている商品もあります。

型落ちの商品の中には、最新の物よりも人気がある物もあり、ネット相場が高くなっている商品もあります。そうした中から「お宝」を探し出せる確率は、その商品が好きな人、詳しい人のほうが断然高くなります。

仕入れる商品は自分の好きな物を扱ったほうが良いと言ったのは、好きな商品であるがゆえに、動作確認などの手間も苦にならないからです。

たとえば、ジャンク品から部品を安く買い取り、修理をしてパソコンなどの精密機器などを販売している方もいます。

また、最初は好きではなかったのだけれど、売れるから好きになった、という物もあると思います。

私は、副業を始めるまではブランド品などはまったくと言っていいほど知りませんでした。

ブランド品は、女性・男性に限らず人気があり、高いお金を出しても手に入れたいと思わせるだけの人を魅了する価値があるのだということを、リサイクルショップをやって初めて実感しました。

だから、今の私は、よく売れるブランド品が大好きです（笑い）。

Point

二束三文で仕入れたジャンク品を、
修理をしたり、きれいに掃除・クリーニング
すればより高く売れる！

6 空いた時間にできるネット古物商はサイドビジネス向き

古物商を、サイドビジネスとしてやられる方もいます。

現在商売をしている人でも、もうひとつの収入の柱を増やすために古物商に取り組む、整体師の方セラピストの方やカウンセラーの方が実際にいます。

特に、仕入れたリサイクル品を、ネットで販売するやり方なら、ちょっと手が空いた隙間時間にもできるので、収入のもうひとつの柱として取り組む方もいます。

7 お客も喜ぶ委託販売の儲け出し方

現在私は、リサイクルショップを経営していますが、元々は、会社勤めをしながら副業で始めて、半年後に会社を辞めて、ネット古物商一本で起業をしました。

起業してからは、ネット販売の他に、1坪ショップでお店経営の基礎になる部分を勉強したり、フリーマーケットで販売したり、委託販売のお店にも商品をお願いしたりしていましたが、3年間はネット販売、ヤフオクでの販売収入が収入の柱でした。

●委託販売のメリット

現在、私のお店は委託販売をメインにしてやっています。

委託販売は、お客様より商品をお預かりして、商品が売れた後に商品代金から手数料をいただきます。

委託品預り品-複写伝票（例）

No.

委託品預り書・買取書

平成　年　月　日

ブランドリサイクルブルーム
bloom
TEL 047 - 335 - 9898
〒273-0035
千葉県船橋市本中山２丁目 14-13

委託出品料金　　　　円也

担当

※太線内をご記入ください。　身分証（免・保・パ・他）

住所	〒	電話	自宅 携帯
氏名	フリガナ 様	明 昭 大 平　年　月　日生	会社員・公務員・自営業・主婦 学生・パート・アルバイト・その他

番号	品名	ブランド名 （サイズ・色・デザイン等）	希望販売価格	実売価格	売却	備考

合計売上金額（　　　　　円）×70％＝（　　　　　円）

金　　　　　円也
上記の金額正に受領致しました。

平成　年　月　日
氏名

ご注意事項

◎委託品の預り期間は原則として店頭出しより３週間です。
◎連絡なく３ヶ月を過ぎた委託品については、当店で廃棄処分させて頂きます。（必ずご連絡ください）
◎お預り後、シミ・汚れ・ほつれ等があり、店頭出し出来なかった際の委託料の返金はできません。
◎商品をお預りする事により、多少の傷み（汚れ・シワ）等が生ずる場合がありますが、ご了承ください。
◎未成年の方の買取・委託は保護者の承諾が必要になります。
◎ご精算におきましても３ヶ月を過ぎましたら、ご精算致しかねますのでご了承ください。
◎盗難品・コピー商品と判断した場合は買取後、精算後におきましても返金をして頂きます。

上記注意事項をご了承いただきましたらチェックをお願いします。☐

委託販売のメリットは、経営側は買い取り資金が少なくて済むということです。

●委託販売のデメリットは？

逆にデメリットはどんな点かと言いますと、

・利益が買い取りと比べて少なくなる
・商品管理が買い取りと比べると大変
・販売できれば問題ないのですが、販売ができなかった場合は、保管・返却・時間などの手間のコストがかかる

などです。

委託販売を行なっているお客様のメリットは、実際にお店に並べて売るわけですから、売上金額から手数料を差し引いたとしても、買い取り金額よりも多くの金額が手に入ります。

また、委託しているとは言え、自分でも販売しているという疑似体験ができるため、「売れる・売れない」「いくらで売れたか」といったわくわく感が得られるため、大変

喜んでいただけます。

現在は委託販売をしているお店は少なくなってきているため、当店をご利用されているお客様には大変喜んでいただいております。そのためかリピートしていただくお客様が多いです。

8 また来たくなる「古物商の接客サービス」が繁盛店をつくる!!

商売の基本は、

「安く仕入れて高く売る」

これがセオリーであり、正しいのは間違いないのですが、このセオリーがすべて通用するかというと、そうはいかない場合もあります。

たとえば、買い取りです。

この場合、商売のセオリー通りにすれば、より安く買うのが正解ですが、お客さんの感情はどうでしょうか。不用品を売りにきたわけですから、顔には出しませんが、「こんなに安く買いたたいて! もう来ないわ」「人の足元を見て!」と思うのが人情でしょう。これでは次につながりませんから、儲けにもつながりません。

買い取りをする場合、安く買ってばかりいるとお客様に不満が残ります。
これでは、継続していくのが目的である古物商の商売にとってあまり上手なやり方とは言えません。リピートにもつながらず、ましてや他のお客様を紹介してくれるところまではいきません。

そこで、買い取り金額だけで勝負するのではなく、他の差別化できる部分がないか知恵を絞ることが大切です。

たとえば、

・**買い取りのスピードをより速くする**
・**また来店したくなるようなホスピタリティ溢れる接客サービスなどで差をつける**

といった点を差別化することで、顧客をリピーターにして上手く経営している所もあります。

●「古物商の人間力、魅力的なキャラ」がお客様をファンにする

専門出張買い取り店を経営している知人に、大変上手くいっている方がいます。
仮にカリスマ古物商のAさんとしましょう。

カリスマAさんの商売スタイルは、出張買い取りが多いのですが、Aさんが行くと大変喜ばれるそうです。なぜかと言えばお客様はAさんのファンなのです。

ではなぜAさんのファンが多いのでしょうか。

お客様は、商品を売るときに、Aさんのホームページやブログそしてユーチューブを見て、商品に対するAさんの熱い想いや気持ちを理解して、この人に売ると決めてから連絡してくるのです。

なので、お客さんのところにお伺いしたときには、値段の話はほとんどすることはなく、大部分の時間は、商品についての話や商品の想い出話に費やされます。そして、最後にこの金額になると言うと、納得していただけるということでした。

ザイアンスの法則と言われているものがあります。これは、人は会う回数が増えるとより好意的になるという法則です。皆さんも、初対面の方だと緊張するけれど、何度も会ううちに親しくなったという経験があると思います。

それと同じで、Aさんは、実際に会わずとも、お客さんにブログやユーチューブを見てもらうことで、信頼関係を作っているのです。この場合、Aさんのように商品に対する気持ちや想いをブログなどでどれだけ伝えられるかがポイントになります。

9 「はたし」と呼ばれる古物商の稼ぎ方

古物市場は不良在庫を処分するにも最適な場所です。

古物市場は買うだけではなく、売ることにも使えます。

ヤフオク、メルカリよりも高くなる商品もたくさんあります。

古物市場をわたり歩く人を、「はたし」と呼びます。

市場によって商品の値段が違いますので、その差額で儲けるのです。つまりは、古物市場の間で行なう〝転売〟です。

月曜日から日曜日まで、全国の市場を飛び廻って、個々の古物市場における物の相場を熟知している古物商だからこそできる、売り方・儲け方です。

10 チラシ広告など、自分でいいと思ったことはどんどん実行していこう!!

さて、ここに当社で新聞の折り込み広告として打った、A、Bと2つのチラシがあります。

ここで問題です。反響が良かったのはどちらでしょうか?

この場合、チラシAは、家に溜まっているギフトや引出物を高く買います、という買い取りの案内。

それに対して、チラシBは「委託販売は、得しますよ」という案内です。

A、Bのチラシで、目的に違いはありますが、見た目だけで言うと、私はバーンと目立つBが良いと思っていました。でも、実際にはAのチラシ広告のほうが高い反響がありました。

確かに、Aは目立つけれども、委託販売でピンと来る人も中にはいるでしょうが、大部分の方は委託販売という商売の仕組みをあまり知らないということが言えるかと思います。

ただ、チラシBには「保存版」とあるように、あそこのリサイクルショップでは、委託販売をやっているということが徐々に地域の方に浸透していけばいいという狙いもありました。

一方、チラシAは、「ギフトや引出物があったら高く買います」という、買い取りの品まで明確にしたチラシであり、さらに例として、商品名と値段も詳しく掲載したので、お客さんはより具体的にイメージできたのだと思います。それが反響の高さにつながったのだと思います。

ここでの例は、新聞の折り込みチラシだけの反響ですし、もちろん、地域性もありますので、その効果は地域により変わってくると思います。

チラシなどの結果は、「やってみないとわからない」ということです。

いくら自分がいいと思っていても選ぶのはお客様です。

何パターンもやってみると良いと思います。

〈クイズ〉A、Bどちらのチラシの反響が高かったでしょうか?

【新聞チラシ A】

【新聞チラシ B】

【答え】A

チラシも現在は反響が少ないと言われていますが、その一方で、チラシの印刷代金もだいぶ安くなってきています。

また、デザインも手書きで書くこともできます。

実際、チラシAは当店のスタッフが書いた文字です。

自分が書く字に自信がなければ、上手な方にお願いすればいいのです。

また、デザインも今はクラウドソーシングという手法（社員やアルバイトを雇わなくても、フリーランスの方に仕事の依頼できる仕組みです）もありますので、自分がデザインのセンスがなくても大丈夫です。


また、名刺にもどんなリサイクルショップかが一目でわかるような、デザインにした名刺を使っています。

たとえば、

□ オークション代行
□ 買い取り
□ 委託販売

をしていることが一発でわかるようにしたのです。

名刺交換は、交流会などに参加した際に行ないますが、その場ではすぐに仕事につながらなくても、買い取り・委託販売をしていることが明確に相手の印象に残るようにアピールできるので、実際、後日仕事をいただいたこともたくさんあります。

チラシも名刺も私の例であり、いろいろなやり方があるとは思いますが、やってみようと自分で考えたことは、どんどん実行に移していくことが、古物商を進める上で大切なことだと思います。

11 古物商で成功するためには、大繁盛店に学ぶのが一番の近道だ

お店をやる場合は、同業の古物商のお店はもちろん、飲食店や繁盛しているお店に行ってみるのはとても勉強になります。流行っている店は絶対何か他のお店と違うことをやっているものです。そこを見るだけでも勉強になります。

リサイクルショップをやるにも、看板もそうですが店内のポップの書き方ひとつで商品が売れたり、置く場所を変えただけで1か月売れなかった商品が売れることもあります。

買い取りの方も、ポップを変えただけで買い取りが増えたり、また購入する方に一声かけるだけでもだいぶ違います。本当に客商売は、よく観察していても見逃してしまうような、〝ほんのちょっとの違い〟が繁盛店かどうかを分けるカギになります。

いろんな繁盛店にどんどん出かけて行って、商売のやり方を観察することをお勧めします。

また、私は、講座やセミナーにも積極的にどんどん行くようにしています。

それは、同業の研究会であったり、サービス業の集客のコツを学ぶ勉強会であったりとテーマはいろいろです。

上手くいっているお店の法則をを学ぶことが、お店が上手くいくための一番の近道だと思います。

【コラム】必読！ リサイクルビジネス入門講座!!

これからの古物商・リサイクルビジネスはどう変わるのか

商売が上手くいっている古物商には、必ずわけがあります。

そのことを学ぶには、できるだけ実際の現場や、上手くいっている人の考え方を実際に聞きに行くのが一番だと思います。

一番であるとわかっていても、全国を飛び廻る時間もない。それを仕事にして多くの古物商と逢い、そのことを私達古物商に教えてくれる専門誌『リサイクル通信』の編集長にお願いをして、中古市場でこれから始める方、参入しようとする人へのアドバイスをいただきました。

＊

これから中古市場がどう動くのか、その中でどう成長を図ればいいのかお話ししたいと思います。

まず中古市場そのものについてですが、ここ数年伸び率に浮き沈みはあるものの、全体として右肩上がりで伸びています。リサイクル通信では2018年の市場規模を1・6兆円以上と推計しています。

大型で清潔なリユース店が全国に増え、宅配による手間いらずの買取サービスが流行。そしてヤフオク!から始まりフリマアプリが火を付けたことで瞬く間に個人間売買、所謂C2Cが広まりました。消費者にとって要らなくなったものを売ったり買ったりする中古市場がとても身近なものになっています。

日本人はこれまで大量のモノを買い、国民性もあって比較的キレイにそれらを保管しています。各家庭に埋蔵されている中古品を掘り起こすことができれば、さらに市場の伸びを期待することができるでしょう。

ただし、注目されているマーケットは競争も激しいものです。では、メジャーな大型店や便利な宅配買取り、エンタメ性のあるフリマアプリにどう打ち勝てばいいのか。いくつか戦法はありますが、ここでは「地域密着」と「超専門店化」をひとつの方法としておすすめします。

御用聞きのようなきめ細やかな対応。対面ならではの商品説明やアフターサービス

――大型店やC2Cでは体験できないコンテンツを提供できれば、地域でオンリーワンのお店になることができます。売り場面積や利便性以外の、「勝てるポイント」でロイヤルカスタマーをつくるのです。

または、特定分野のエリア内No.1店になる方法もあります。全体の品ぞろえで大型店に勝つことはできませんが、ひとつの商品ならどうでしょうか。シャネルの品ぞろえナンバーワン、鉄道模型の一番店、アウトドア用品の物量圧巻の店。これなら実現できそうです。専門店化することで知識も磨かれ、遠方からお客さんを呼ぶことができるようになります。ただしこの場合は、一部の地域を除きネット併売で全国に販路を広げたほうがいいでしょう。

これまで累計2000店近く取材をしてきましたが、こうした手法でしっかりと成長をしているリユース店が確実にあります。

＊

取材先で参考になりそうな事例があったので紹介したいと思います。その店は冷蔵庫とテレビをそれぞれ1台ずつしか置けないような狭小店舗でした。しかし家電をよく売っていたので不思議に思い聞いてみると、『完全受注制』だと教えてくれました。

売り場にあるのは取扱品の見本で、馴染みのお客さんは「2ドアの単身者用の白い冷蔵庫がほしい」などとリクエストしているのです。その店のオーナーはそれを聞いて古物市場でマッチするものを競り落とし、販売していました。売りが確定しているので在庫リスクどころか在庫スペースも不要だったわけです。

しかしまだ謎は残ります。なぜ、メジャーなリサイクル店でなく在庫の無い同店に頼むのか。実はこの店のオーナーは趣味のサークル活動を主催し、近所の人とコミュニケーションをとっていました。そして、店の軒先に出ては世間話をしたり、高齢者の相談を受けて、切れた電球を取り替えてあげるなどしていたのです。

売り場が小さくても、優れたＩＴエンジニアがいなくても、消費者の求めていることに耳を澄まし工夫すれば、勝ち残る道があると教えてくれた事例です。

株式会社リフォーム産業新聞社
リサイクル通信編集部
編集長・浜田里奈
http://www.recycle-tsushin.com/

【コラム】必読！　リサイクルビジネス新潮流!!

〝リサイクル革命〟を提唱する、岡山発「ベクトルグループ」がめざしているもの

私も、ちょうど店舗を増やしていきたいと思っていた時期に、セミナーに参加させていただいたこともある、〝リサイクル革命〟を提唱している、岡山県でベクトルグループを運営する村川智博氏（むらかわ・ともひろ）、にもお話を聞く機会を頂きました。

＊

村川智博氏は、岡山県岡山市出身で、現在㈱ベクトルグループ代表取締役です。アパレル品の買取販売を中心としたリサイクルショップから事業をスタートし、2003年に㈲ベクトルを設立、その後全国的にFCを展開し、現在グループ全体で80店舗に拡大中。人材育成を目的としたベクトル大学の設立など、CSR活動にも積極的に取り組んでいます。

2013年自らの志である日本にリサイクル革命を起こすというグランドデザイン

を掲げ、楽天EXPO中四国‐顧客満足度№1賞‐受賞、OKAYAMA AWARD 2013大賞受賞、おかやまIT経営力大賞受賞、ヤフオク!年間ベストストア2014、メンズファッション部門第2位・ブランド部門3位を獲得するなど数々の栄誉を授賞しています。2015年には、初の著書『チャンスの神様と出会う方法』も上梓されています。


村川社長のお話でとても興味深かったのが、

「何事もやってみるということが大事」

「きっかけをチャンスにするということ」

「スニーカー好きで、欲しいスニーカーを手に入れるために販売したのがきっかけだったこと」

などです。


当時は、ネット販売などがなく雑誌で交換しているのが主流で、やる方が少なく面白いように販売できたと言います。

初めてお店を出すときは、アルバイトでやっていたスポーツインストラクターのときに、スニーカー好きのお客さんがたまたま不動産屋さんの社長で、居酒屋も経営をしていて、夕方のオープン前までスニーカーを販売して良いという許可をもらって、出店させていただいたそうです。

そこで試行錯誤をしながら人気店にまで育て上げました。

看板をいろいろ試したり、お店のお客様だった人がアルバイトになると、自分よりも売るのが上手いので任せることにしたりするなど、いろいろ試しながらの店舗運営でしたが、ヤフオクが開始されるとチャンスを逃さず、すぐに参入して、一気に売上げを伸ばし、店舗を増やすことに成功しました。

もちろん、成功の中にも実は失敗があったことも教えていただきました。信頼していた社員の不正の発覚、そして退社などです……。

その後、経営理念を作成することでメンバーが集まり、現在の規模にまで成長しました。

リサイクル業界は成熟期と言われているが、日本の家にはまだまだ、とても価値のあるリサイクル品が眠っている。販売も日本だけではなくも世界にも販売することでまだまだ成長する業界である。さらに、メイドインジャパンは世界に誇れる、実際に海外で人気があり、日本では低価格のものが、海外で販売すると高くなるものはたくさんある、ということもおっしゃっていました。

●起業家を育てるベクトル大学を設立

また、村川社長は、日本は世界と比べると起業家が少ないため、起業家を育てるためにベクトル大学を設立されました。

起業家を増やすことで日本の経済は活性化する、という信念のもとに設立されたもので、起業家を育成し、成長させるには、２つの大切なことがあると述べています。

１つは本を読むこと、そしてもう１つは人と会い話を聞くことです。

ベクトル大学は、学生には無料で参加できる学びの場も提供しています。

ベクトルグループ
株式会社ベクトル・株式会社ベクトルPLUS
株式会社ベクトルキャリア・FESTIVA株式会社
本部・岡山県岡山市北区学南町３丁目２番１号 岡山放送別棟２F

第5章

古物商の実力は
買い取りで磨かれていく

買い取りが
どんどん入るような、
お客さんが知りたい情報を
ネットで発信しよう

1 買い取りを通して、古物商の目も養われ、人脈も広がっていく

古物商になると、古物市場に行くことのほかに、もう一つとても重要なことができるようになります。

それは、買い取りができることです。

私のようにお店を持たないと、買い取りはできないと思っている方もいるようなのですが、そんなことはありません。

私も始めた頃はお店もなかったですが、出張買い取りをしていました。

どのようにしていたかというと、無料ブログを使って買い取りをしていたのです。

●豊かな人脈が商売の武器になる

買い取りをすることにより、古物商としての経験がついてきます。

買い取りを始めると、自分の専門外の買い取りも入ってくることが多くあります。今まで知らない商品もどんどん入ってくるので商品知識が増えていきます。

また、自分では買い取りをすることができない商品も、お客様の希望に答えるために、提携先や同業業の方を紹介してきました。

そうすることにより、今度はこちらがお客様を紹介していただけるようになるのです。

現在私は、遺品整理士の方と提携をしたり、リフォーム会社、便利屋さん、不動産屋さんなどとも提携しています。

古物商には、家電のリサイクルも関わってきますので、街の電気屋さんと提携している方もいます。

その他にも中古の厨房機器はとても人気があり、またオフィス専門の買い取り、空調などのクーラーの買い取りなどなど、リサイクル品には色々ありますので、多くの提携先や人とのつながりを持っていることは古物商にとっては大きな強みになります。

2 あら不思議!?　次から次へと不用品が出てくる古物商の「魔法のことば」

今までは捨てるのにお金がかかっていたものを、古物商に行って買い取りをしてもらって、その上お金までいただけるとなったら、お客さんにとても喜んでいただけます。

古物商の免許が取得できたら、古物市場に行くことと同時に、買い取りを始めてみましょう。

まずは、一般の方の買い取りを始めて見るといいです。

買い取りに行ったときに、この一言があるとさらに良い結果につながるという魔法の言葉があります。

それは、一通り査定が終わった後に、

「この他に不要な物、使わない物はございませんか？」


と言うことです。

この一言を言うとあら不思議、不用品が次から次へと出てきます。

たとえば、子供の要らなくなった、おもちゃを買い取ったあとで、他に何かありませんか？と言ったところ、そういえば、と言ってロレックスの時計が出てきました。

今は使っていないのでこういうのも取り扱っているのと聞かれました。

当時はその場で買うことができなかったので、一旦お預かりをして、翌日、先輩古物商の方に持ち込んでロレックスを調べて頂き無事買い取りをすることができました。

あるときは、キーボードの買い取りにお伺いしたのですが、この他に不要な物はありませんか？とまたまた魔法の言葉を使ったところ、そう言えば全然使っていないバッグがあるわ、と出てきたのがルイ・ヴィトンのバッグが出てきたこともありました。

3 「お客さんのためになることを本気でする」という当たり前のことを実践することが生き残る道だ

現在は、リサイクル店舗も増える中で、出張買い取り専門でやられている所もたいへん多くなってきました。

さらには新たに、メルカリなどの登場により、フリマアプリの登場により、競争が激しくなってきているのは周知の事実です。

ここで、重要になって来ているのが、お客様に対する細やかな接客サービスであり、専門性の高い知識、またこの人に任せれば大丈夫と思われる人間としての信頼性が何より重要になってきたのです。

この専門知識や接客サービスの技術はリアル店舗でも大事ですが、そうした差別化は古物商のホームページに反映させることも重要になってきます。

私が古物商で起業した10年前はホームページを作成するお金もあまりなかったのと、

ネットのこともあまり詳しくなかったので、始めからお金をかけることができませんでした。

でも今はホームページ業者もたくさんあります。制作費も安いところから高いところまでピンからキリまでありますので、作成するときは、ネットに関することを勉強をしてから制作会社を決定すると良いと思います。

たとえば制作会社によっては、5万円ぐらいからできるところもあれば、100万円以上するところもあります。また、初期費用0円などもありますが、支払い0円などの場合は、たとえば7年の月額リースとなっているところもあります。

また、作成をお願いするときは、数社のお話を聞くことをお勧めします。

営業マンがとても気に入ったから、知り合いの紹介だからと、すぐに決めてしまうと、数年契約のためにすぐに業者を変えられず、反響もないままあまり役に立たないホームページがあるだけの状態になっているという話は良く聞くことです。

現在、当社は、ワードプレスを使ったブログ機能付きのホームページ作成サービスも提供しています。ブログで更新することによりSEOも上がってきます。

ちなみにご参考までですが、初期費用は4万9800円（税別）で、毎月5000

円（税別）で、ブログの更新サポートと、サーバー代を含みます。

ワードプレスで作成するメリットとはこうです。たとえば、商品を買い取りしたときに、商品名や委託販売なのかどうかといったことを記入してブログ更新することになります。その際、お客様がどのような気持ちで検索するかを考えて、お客様が使いそうな文面で記入すると、ヒットされる確率が高くなるということです。お客様がたとえば「ルイ・ヴィトン　買い取り　船橋」といったキーワードを使って検索すると想定したら、そのような文面でブログを書けばヒットするということです。

お客様はどのような気持ちで探しているかを考えてブログを書くと良いと思います。

以前、ある勉強会でお会いしたことのある方で、お店を持たずに出張買取専門で上手くいっている方はブログを更新してファンをつけて、買い取りがどんどん入るそうです。どのようにしているかと言うと、

◎お客様が知りたいと思っていること

◎お客様のためになること

をブログで更新をしているそうです。

その結果、どんどん買い取りが入るようになったそうです。

4 開業届け・税務申告はどうすればいいのか

古物商取得セミナーなどの場で、古物商取得を目指している方から、

◎**「開業届はどうすれば良いですか？」**

とよく質問を受けます。

これは、納税する税務署に個人事業の開業届出書を開業してから1ヶ月以内に提出すれば大丈夫です。

会社組織にしない場合は、まず屋号を決めましょう。

ちなみに、私が個人事業主だった頃の屋号は苗字の泉を英語（spring）に訳して「スプリングカンパニー」と名付けました。少々安直のような気もしますが、それと同じくらい、開業届の申請もあっけなく終わってしまいます。

◎「青色申告と白色申告、いずれが良いか」

これも先の質問と同様、頻繁にご質問を頂戴します。

個人的には、開業一年目は白色申告でいいと思います。白色、青色それぞれにメリット・デメリットがありますが、私の専門外なのでここでは割愛させていただきます。

ただ、日経表はキチンと毎日付けることを心掛けましょう。

仕入れの金額はもちろん、事務用品費、仕入れの際の交通費、携帯代金やプロパイダー料金、セミナー参加時の領収書など、一日のお金の出と入りをエクセルなどで管理するとわかりやすいと思います。

それをすることで実際の利益が出てきます。

売上げが上がっていても、仕入金額と経費を差し引くと実はあまり儲けが多くなかったということもあります。

あと、肝心なのは、自分で出品した時間や仕入れにかかった時間、調べ事をするのに要した時間を絶えず気にかけることです。

申告そのものに、この時間は直接の関係はありませんが、それらの時間当たりのコストを気にすることで、副業にしても本業にしても、自分にかかる人件費を意識することになり、今後の事業の中で一つの指標となり、それもひとつの「経験」となります。

なお、副業として仕事をする場合でも、20万円以上の収入があった場合は確定申告をしなければなりません。

ここで言う収入とは、売上から経費を差し引いた金額です。

確定申告をすると会社にばれるのではないかなど、色々と心配事が出てくると思います。

そんなときは、古物商の申請と同様に、申告する地域の税務署の方に聞くと親切に教えてくれます。

もちろん、ここでも、警察に古物商の許可申請をするときと同様に、予め担当の方のお名前と都合の良い時間をお伺いしておけば、領収書などを持参し相談することで、経費になるかなども親切に教えてもらえます。

また、独立するとしても、個人で始める場合は、個人事業主として始めれば良いと思います。

人を雇う時期や会社（法人）にする時期、青色申告にする時期、税理士さんに頼む時期は、売り上げが上がってきて利益も出てきてから改めて考えれば良いと思います。

まずは、屋号を決め開業届を提出しましょう！

あとがき

最後までお読み頂きありがとうございました。

古物商の世界はいかがだったでしょうか？

全然怖くはなかったですよね？

ぜひ申請をして一緒の業界で切磋琢磨して、よりよい業界にしていきましょう！

私自身も古物商としてまだまだですが、古物商は素晴らしい仕事だと思います。不用品を欲しい人のところへ届ければ、その商品の魂も蘇る。そして、届いたお客様には大変喜んで頂ける。

ネットを通しての商売でも、お客様に喜んで頂けることはあります。仕事を通して喜んで頂けることは、何事にも代えられない嬉しいことです。

本書は多くの方に支えられて書くことができました。

儲けの古物市場を教えて頂いた恩師。

そして、未熟なため失礼なことも多かったと思いますが、市場に参加させて頂いた市場主の方。

古物商の仲間・先輩古物商の方々。初めて古物市場に同行参加した際に、私と同じように衝撃的な体験をした仲間1人ひとりの顔を思い出しました。ありがとうございます。

リサイクル業界の株式会社リフォーム産業新聞社、リサイクル通信編集部・浜田里奈編集長。

ベクトルグループ代表取締役・村川智博社長。

リサイクル業界に大変貢献されているお二人には、お忙しい中にもかかわらずご協力頂きありがとうございました。

読者の皆さんには、古物市場などでお逢いしたときには、声をかけて頂ければ嬉しいです。ぜひ情報交換をしましょう。

大化けして売れた商品があったらこっそり教えてくださいね。どこかであなたに逢うことを楽しみにしています!!

２０１８年１月吉日

泉澤義明

本書ご購入者特典！

本書をお買い上げ頂き誠にありがとうございます。

更に稼げる、本書では書ききれなかった実例、失敗談などの動画コンテンツを、読者様限定特別プレゼントとしてご用意させて頂きました。

- ●古物市場の様子を動画で疑似体験
- ●リサイクルショップ仕入れ公開
- ●値段を高くするマル秘テクニック公開

など、すべて無料でプレゼント致します！
今すぐ下記のページにアクセスして
プレゼントをゲットしてください。

★今すぐアクセス！

http://hanjyouten.net/palkobutsu

※このプレゼントは、予告なく内容を変更、または終了することがあります。予めご了承ください。

泉澤義明（いずみさわ・よしあき）

1970年千葉県生まれ。リサイクルアドバイザー。ネット古物商・ブランドリサイクルショップ『ブルーム』店主。ネット販売講師。

広告代理店、テレビ制作会社勤務を経たのち独立。

会社勤めをしているときにネットオークションに興味を持ち、出品を始める。オークションは順調に売上げを伸ばし、副業として始めて、半年後に会社を退職し、独立して〝ネット古物商〟となる。

最近では、自らの経験を活かしたネット販売の講師としても活躍。実際、講師を始めてみると受講者から「わかりやすい」「すぐに結果が出る」と大好評になり、受講者の中からは、副業1年目で利益200万円を出す方、独立起業してネット古物商を始められる方を続々と輩出するなど、その実践的な教え方には定評がある。自らの商売も 10 年以上経ち、オークション取引はヤフオク・メルカリ合わせて1万件以上の高評価を得ている。

主な著書である、『お金が貯まる「スマホ副業」の稼ぎ方入門』（小社刊）が好評を得ている。

◎ブランドリサイクルショップ『ブルーム』
　千葉県船橋市元中山 2-14-13　ST コア1階
　mail:izumisawa@pleasure-link.com

プロが教《おし》える
儲《もう》かる「ネット古物商《こぶつしょう》」の始《はじ》め方《かた》

2018 年 1 月 19 日　初版発行
2023 年 5 月 9 日　3 刷発行

著　者　泉　澤　義　明
発行者　常　塚　嘉　明
発行所　株式会社　ぱる出版

〒160-0011　東京都新宿区若葉 1-9-16
03(3353)2835 — 代表　03(3353)2826 — FAX
03(3353)3679 — 編 集
振替　東京 00100-3-131586
印刷・製本　中央精版印刷（株）

ISBN978-4-8272-1104-7　C0034